The Elder Scrolls®

엘더스크롤 공식 요리책

The Elder Scrolls®

엘더스크롤 공식 요리책

스카이림과 모로윈드를 비롯한 탐리엘 전역의 요리 비법

첼시 먼로 카셀 지음

목 차

07 작가의 말
10 탐리엘의 맛
14 탐리엘의 축제
19 요리사를 위한 집 짓기 안내서

21 기초
23 향신료, 양념 & 소스
23 노드 양념
25 스톰클록 양념
27 임페리얼 양념
29 커스터드 소스
31 인동딸기 소스
33 향미 버터
35 시골풍 머스타드
37 임페리얼 버섯 소스
39 달콤한 크로스타타 반죽
39 호밀 파이 반죽

41 전채요리, 안주 & 간식
43 문슈거 당근 맛탕
45 구운 화산참마
47 구운 파
49 보스머 요깃거리
51 버섯 야채 리소토
53 두 번 구운 감자
55 레드가드 솥밥
57 아르고니안 늪지새우찜
59 매콤한 진흙게 딥소스
61 치즈 대파 크로스타타
63 에이다치즈 사과 조림
65 솔트라이스 죽
67 선라이트 수플레

69 제빵
71 꽈배기빵
73 목초지 호밀빵
75 치즈 스콘
77 마늘빵
79 양배추 비스켓
81 스지라의 유명한 감자빵
83 견과류 씨앗빵
85 호밀칩
87 라벤더 벌꿀 식빵

89 수프 & 스튜

- 91 사과 양배추 스튜
- 93 연안식 클램차우더
- 95 파로를 넣은 갈비찜
- 97 체더치즈 감자 수프
- 99 완두콩 수프
- 101 야채 수프
- 103 환상의 포타주

105 메인 요리

- 107 노르딕 따개비 구이
- 109 화이트강 연어 구이
- 111 닭고기 경단
- 115 컴패니언 미트볼 구이
- 117 엘스웨어 퐁듀
- 119 축제 핸드파이
- 121 염소치기 파이
- 125 크와마알 키슈
- 127 오시머식 사슴 요리
- 129 노간주 램 찹
- 131 호커 구이

133 디저트

- 135 벌꿀 호두과자
- 137 자작나무 쿠키
- 139 벌집모양 설탕과자
- 141 기다란 설탕과자
- 143 벌꿀 푸딩
- 145 건포도 귀리 쇼트브레드
- 147 쉐오고라스의 딸기타르트
- 149 사과 코블러
- 151 인동딸기 크로스타타
- 153 크림 과자
- 155 뿌리채소 케이크
- 157 스위트롤

159 음료

- 161 속성 벌꿀술
- 162 호닝브루 벌꿀술
- 163 블랙브라이어 벌꿀술
- 164 노간주 열매로 담근 벌꿀술
- 165 노드식 벌꿀술
- 167 임페리얼 멀드 와인
- 169 따뜻한 사과주
- 171 샌의 와인
- 173 스쿠마
- 175 인동딸기 코디얼
- 177 따뜻한 벌꿀 우유
- 179 달콤한 에그노그
- 181 카니스뿌리차
- 183 빨간 산유화차
- 185 생명의 물

- 187 요리별 식이 제한 정보표
- 189 계량 단위 환산표

작가의 말

나도 예전엔 자네처럼 모험가였지. 무릎에......

아, 이미 들어본 이야기라고요?

친숙한 이야기라도 약간만 비틀면 신선한 이야기가 될 수 있다니 정말로 놀라울 따름입니다. 요리법 역시 마찬가지입니다. 여행하면서 모은 재료들을 이용할 수 있고, 계절이나 지역에 맞는 재료를 이용하거나 식품 저장실에 있는 재료를 이용할 수도 있습니다.

재료를 고를 때는 융통성을 발휘하는 게 중요합니다. 이 책의 요리들은 스카이림과 모로윈드를 비롯한 탐리엘 전역에서 찾아볼 수 있는 재료들을 기반에 두고 있지만, 결코 여기에 구속되면 안 됩니다. 계란이 필요한데 개똥지빠귀알 두어 개밖에 없다면 걱정하지 말고 사용하면 됩니다. 비슷한 예로, 크와마 알 하나는 적당한 크기의 계란 네 개로 대체할 수 있습니다. 또 만약 악랄한 마법사로부터 밀가루를 먹지 못하게 되는 저주를 받았다면 대부분 요리에는 글루텐프리 밀가루를 사용해도 상관없습니다. 재료 선택과 관련된 더 자세한 사항은 책 뒷부분의 별첨을 참조하시길 바랍니다.

만약 당장 레시피에서 나오는 허브가 없다면 다른 재료로 간단히 대체할 수 있습니다. 예를 들어 세이보리는 엘프귀를 대신해서 쓸 수 있고, 크랜베리를 이용하면 인동딸기와 똑같은 색깔과 새콤한 맛을 낼 수 있습니다. 원래 재료의 신체적 효과와 마법적 효과를 제공하진 못할지라도 이런 대체 재료들로 탐리엘의 맛과 비슷한 맛을 낼 수 있습니다.

탐리엘 전역엔 많은 종류의 버섯이 자생하지만, 사용하기 전에 어떤 종류의 버섯이 먹어도 안전한지 아는 것이 먼저입니다. 제가 아는 한 용감한 던머는 현존하는 모든 버섯을 이용한 요리법을 만들려고 했지만, 결국 실패했습니다. 어느 현자가 "모든 버섯은 먹을 수 있지만 어떤 버섯은 한 번만 먹을 수 있다..."라고 했듯이 저는 버섯이 안전한지 확인하기 위해 한 입씩 먹어 보라고 권할 수는 없습니다. 그러니 탐리엘의 다양한 버섯의 종류와 부작용에 대한 전문가가 되기 전까진 평범한 양송이버섯을 요리에 이용하는 걸 권장합니다.

고기는 요리해서 먹는 게 일반적이지만 훈제하거나 염장하기도 하고 얼음 망령의 이빨과 함께 저장해 두었다 먹기도 합니다. 심지어는 날것으로도 먹을 수 있습니다. 탐리엘의 우드엘프 보스머들은 특히나 고기를 좋아한다고 알려져 있는데, 그들은 마주친 생물은 가리지 않고 먹을거리로 삼는다고 합니다. 그게 동물이 아니어도 말이죠...

하지만 다행히도 탐리엘의 야생에는 사슴, 매머드, 염소, 토끼, 희귀한 꿩, 누구나 이용할 수 있는 주인 없는 조그만 토종닭과 같이 입맛 까다로운 사람들을 위한 다양하고 맛있는 식재료들이 돌아다닙니다. 심지어 동굴곰도 불에 구워 먹을 수 있는데, 좀 느끼하다고 합니다. 마찬가지로 강과 해안에도 연어, 노르딕 따개비, 굴, 조개, 식인물고기 등 다양한 먹을거리가 잔뜩 널려 있습니다.

    혹자는 스카이림이 노드의 것이라고 말하지만 탐리엘에서 가장 추운 지역인 스카이림에는 다른 종족들도 살고 있습니다. 그들은 독창성과 고집스러운 성격을 바탕으로 고향에서 즐겨 먹던 몇 가지 음식의 조리법을 스카이림에 맞게 변형시켰습니다. 특히 천성적으로 방랑하길 좋아하며 직접 채집한 향신료들을 챙겨 다니는 카짓들만큼 환경에 잘 적응하는 종족은 없을 겁니다. 혹시 그들의 야영지에 방문해 음식을 먹을 기회가 생긴다면 그 기회를 절대 놓치지 않길 바랍니다!

    한마디로 탐리엘의 음식은 당신이 만들기 나름입니다. 그렇게 대단하지는 않은 요리법들이지만 당신의 가정에서 당신만의 먹음직스러운 음식을 만드는 데 좋은 출발점이 되길 바랍니다.

    하늘을 주시하시게, 여행자여. 밥 잘 챙겨 먹고 다녀요!

— 첼시 먼로 카셀

탐리엘의 맛

탐리엘의 요리는 독특한 지역에 서식하는 여러 종족만큼 다양합니다.
각 요리는 종족들이 처한 문화, 지리, 경제적 요건을 반영하는데, 여기에 종족들의
역사 한 방울과 선조들의 긍지 한 꼬집을 넣으면 당신의 감각을 즐겁게 하는 맛 좋고
풍미가 넘치는 요리법들을 찾을 수 있을 겁니다.

노드

노드의 요리법을 보면, 혹독한 기후와 바위투성이 지형에 사는 전사 문화를 가진 종족이란 것을 알 수 있습니다. 척박한 환경 탓에 농사 짓기가 어렵기 때문에 상당한 양의 음식을 수렵을 통해 얻는데, 이렇게 얻은 고기는 훈제하거나 말리거나 식초나 소금에 절여서 보관할 수 있습니다. 또한, 화이트강의 급류에서 잡은 연어와 같은 수자원도 풍부합니다. 노드 음식 중 가장 군침을 돌게 만드는 건 성대한 잔치에서 제공되는 음식입니다. 커다란 매머드, 호커 그리고 사냥에서 얻은 다양한 고기는 홀 중앙에서 꼬챙이에 꽂혀 구워지고, 노간주나무 열매나 인동딸기로 만들어진 소박한 디저트는 화덕에서 구워집니다. 또한 노드는 이러한 북방 재료들로 벌꿀술도 만들었고, 다른 지역에서도 그 맛을 인정받았습니다.

레드가드

레드가드는 두 신 간의 사이가 좋지 않아서 농작물이 자라지 않는다고 믿는데, 그건 알리키어 사막에 대한 불평이라고 봐도 무방합니다. 그래도 해머펠 평원 주변 경작지에서 가뭄에 강한 농작물을 키울 수 있고, 염소 같은 가축을 방목하기도 합니다. 이렇게 얻은 식재료는 보통 말리거나 소금에 절여 보관하거나 거래에 이용합니다. 일상적으로 먹는 음식을 요리할 때는 더위를 이용하곤 합니다. 예를 들면 발효 시키지 않은 빵을 뜨겁게 달궈진 돌 위에서 단숨에 구워내고, 푸짐한 스튜는 석탄 위에서 오랜 시간 동안 끓입니다. 그 밖에도 항만에선 무역을 통해 다양한 필요한 음식을 얻기도 합니다. 또한 해머펠 평원에서 자라는 매운 고추는 다른 지역 요리사들의 사랑을 듬뿍 받고 있습니다.

보스머

탐리엘에 사는 우드 엘프 **보스머**는 숲의 신적 존재인 이프르(Y'ffre)와 '녹색 조약'을 맺었습니다. 발렌우드 본토에서 자생하는 식물을 먹거나 해치지 않기로 약속했는데, 이로 인해 육식 위주의 식단을 가지게 되었다고 합니다. 보스머의 노련한 사냥꾼들은 정찰을 나가 사슴 고기, 토끼 고기 등 수렵육을 비롯해 나무 꼭대기의 둥지에서 새알을 가지고 돌아오곤 합니다. 요리는 당장 해야 할 일이 아니었고 손님이 왔을 때를 대비하여 고기를 준비해두는 정도였습니다. 보통 고기는 말리거나 염장해서 저장하기도 하지만, 일반적으로는 필요할 때마다 사냥합니다.

카짓

욕심 많은 단것(혹은 마약) 중독자로 알려진 **카짓**은 다양한 특식과 디저트를 즐기는데, 이 중 대부분은 여행 중 설치한 야영지에서 불을 피워 만든다고 합니다. 암시장에서 거래되는 문슈거는 대부분의 카짓 요리에 들어가는 주요 재료입니다. 문슈거를 자주 먹다 보니 결과적으로 카짓은 다른 종족보다 문슈거에 강한 내성을 가지게 되었습니다. 문슈거에 대한 카짓들의 집착은 다른 종족의 상인들이 카짓에 대한 무역 할당량을 제한해 버리는 결과를 가져왔고, 결국 요리에 다양한 재료(적어도 합법적으로 얻은 재료)를 넣을 수 없게 되었습니다. 카짓들은 돈만 받을 수 있다면 팔 수 있는 스쿠마와 수상하기 그지없는 스위트롤과 같은 것들을 항상 가지고 다닙니다.

임페리얼

대쪽 같고 위풍당당한 **임페리얼**의 요리사들은 요리에 그들의 모든 인생을 바칩니다. 빈틈없는 외교관과 무역업자들은 탐리엘이 제공해야 할 최고의 재료들을 자신들의 식품저장실에 비축합니다. 탐리엘에 있는 시로딜의 중심지는 부와 힘이 결합하여 임페리얼들이 대륙 전역에서 온 다양한 고기, 야채, 향신료를 잘 먹도록 보장합니다.

오시머

오시머는 강인하고 고귀한 종족입니다. 여전히 많은 수의 오시머가 그들의 왕국인 오시니움에 거주하지만, 대부분은 스트롱홀드에 뿔뿔이 흩어져 살고 있습니다. 외부와 단절된 스트롱홀드에서는 자급자족 해야 하므로 오시머의 식단은 대부분 쉽게 재배하고 키우고 사냥하며 저장할 수 있는 실용적인 식재료 위주로 이루어져 있습니다. 비록 거칠고 투박한 식단이지만, 가끔 무역을 통해 얻을 수 있는 향신료나 조미료가 있어 충분히 만족하고 있습니다. 오시머는 유대감이 매우 강한 종족이라서 종종 스트롱홀드의 모든 구성원이 함께 먹을 수 있는 만찬을 준비하는데, 주로 화덕에서 구운 고기 꼬치를 먹습니다.

알트머

알트머는 대부분 섬머셋섬에서 외부와 단절된 채로 살아왔기 때문에 다른 종족과 차별화된 음식 문화를 형성할 시간이 충분했습니다. 그러나 항구가 외부인에게 개방되면서, 다른 탐리엘 지역의 요리들을 받아들이기 시작했습니다. 아름다움과 완벽함을 추구하는 그들은 식탁 예절과 행실에 대해 매우 엄격한 규칙을 세워 두었지만, 한편으로는 다양한 사치스러운 요리와 수제 과자와 함께 최고급 리큐르와 브랜디를 들이켜기도 합니다.

브레튼

브레튼은 마법 기술이 뛰어나다고 알려졌습니다. 그들이 부엌에서 쓰는 기술들은 가히 마법이라고 말해도 믿을 정도입니다. 하이락 지역은 토양이 비옥해서 다양한 곡물을 재배하고, 일리악 만에는 무역이 번창했습니다. 브레튼의 식문화를 보면 엄격한 경제계급 사회임을 알 수 있습니다. 가난한 소작농들은 직접 재배하거나 채집한 식재료로 손수 요리를 만들어 먹지만 귀족들은 전담 요리사가 정성스럽게 만들어 준 비싼 음식을 먹습니다.

던머

탐리엘의 다크엘프 **던머**는 농사를 지을 수 없는 매우 척박한 땅에 살고 있습니다. 모로윈드의 화산지대에서는 농사를 짓거나 사냥을 하는 것이 매우 어렵습니다. 이러한 척박한 환경에도 불구하고 던머는 오랜 세월 동안 피할 수 없는 지형에 적응해서 사는 법을 배워 왔습니다. 크와마 알을 채집하거나 화산참마를 재배하고, 고기와 가죽은 구아를 길들여서 얻었습니다. 솔트라이스와 특산 과일로 만든 음료 또한 던머 요리의 특징입니다.

아르고니안

아마도 다른 종족들에겐 **아르고니안**들의 음식이 가장 생소할 것입니다. 그들의 고향인 블랙마쉬 지역은 탐리엘 대륙에서 가장 암울한 지역으로 여겨지지만, 아르고니안들은 훌륭한 수영 솜씨 덕분에 그 지역에 잘 적응했습니다. 아르고니안들의 음식은 주로 날생선과 습지에서 채집한 늪지 식물로 만들어지는데, 다른 종족이 이 음식을 먹기 위해서는 많은 용기가 필요합니다. 보통 날 것 그대로 먹지만 이국적인 향신료와 진한 소스로 양념해서 먹기도 합니다. 아르고니안 들은 물고기와 작은 생물들의 개체수를 유지하기 위해 통발과 그물을 사용하는데, 그건 탐리엘 전체에서도 독특한 방법입니다.

탐리엘의 축제

탐리엘 사람들은 지역이나 종족을 떠나 모두 축제를 좋아합니다. 센티넬에서 열리는 레드가드들의 쿠무 엘레져(Koomu Alezer'i)와 같이 수천 년간 지속되고 있는 축제도 있지만, 새로 생겨나는 축제도 있습니다. 사람들이 즐거운 분위기와 풍부한 음식을 즐긴다는 것은 고금을 막론한 모든 축제의 공통점입니다.

올드라이프(Old Life)와 뉴라이프(New Life) 축제는 탐리엘 전역에서 열리는 축제입니다. 이날은 동지 이후의 태양의 재탄생과 삶을 축복하는 날인데, 탐리엘의 다양한 종족들은 각자의 방식대로 내기를 하거나 힘겨루기를 하고, 먹고 마시면서 이 축제를 즐깁니다.

예를 들면, 노드들은 벌꿀술 한 잔과 모닥불로 몸이 데워지기도 전에 얼어붙은 호수에 뛰어드는가 하면 카짓들은 **스쿠마(173쪽)**로 축배를 들며 여러 가지 약탈 목표를 세웁니다. **샌의 와인(171쪽)**과 **달콤한 에그노그(79쪽)**는 인기 선물인데, **뿌리채소 케이크(155쪽)**나 **자작나무 쿠키(137쪽)** 같은 달콤한 음식과 함께 먹으면 최고입니다.

사랑의 날(Heart's Day)은 탐리엘의 연인들 사이에서 가장 인기 있는 휴일입니다. 이날은 대륙 전 지역 여관의 방이 무료로 제공됩니다. 커플들은 날이 어두워지면 따뜻한 **엘스웨어 퐁듀(117쪽)**를 나눠 먹습니다. 카짓들은 훔친 **스위트롤(157쪽)**을 선물하여 애정을 표현하고, 평상시엔 무뚝뚝한 엘프들도 이날만큼은 **인동딸기 코디얼 (175쪽)**을 연인과 함께 나누어 마신다고 합니다.

봄이 되어 처음으로 파종할 때 열리는 축제에선 들판의 꽃과 겨울잠에서 깨어난 벌들이 모은 꿀을 이용해서 만드는 요리법이 있습니다. 향긋한 **라벤더 벌꿀 식빵(87쪽)** 몇 조각에 신선한 버터, **호닝브루 벌꿀술(162쪽)** 한 병이면 오래된 원한도 풀어질 정도로 좋다고 합니다. 바삭한 **벌집 모양 설탕과자(139쪽)**와 부드러운 **벌꿀 푸딩(143쪽)**을 달콤한 꽃향기와 함께 즐길 수도 있습니다.

　　　　　　　　낚시의 날(Fishing Day)은 브래튼의 축제입니다.
이 축제는 어업이 생업이자 삶의 일부로 자리 잡은 스카이림을 비롯한
탐리엘의 다른 지역에서도 인기를 얻고 있습니다. 이날만큼은 그물과
낚싯바늘은 한쪽으로 제쳐두고 **연안식 클램차우더(93쪽)**와 짭조름한
호밀칩(85쪽)을 먹고, 노르딕 **따개비 구이(107쪽)**를 비축해둔 노드식
벌꿀술(165쪽)과 함께 즐깁니다. 또한 식구가 많은 가정은 온갖 고명을
곁들인 **호커 구이(131쪽)**를 먹습니다.

추수감사절(Harvest's End)은 들과 과수원에서 한 해 동안 열심히 일한
보상과 그해의 수확을 기념하는 날입니다. 수확한 과일과 채소, 구운
고기가 가득 쌓인 채 준비된 연회 식탁에 **염소치기 파이(121쪽)**가 함께
놓이고, 한쪽에서는 **야채 수프(101쪽)**가 커다란 솥 안에서 부글부글
끓습니다. 여관에서는 온종일 무료 음료를 제공하는데
여기엔 저마다의 비법으로 만든 **생명의 물(185쪽)**도 준비되어 있습니다.

요리사를 위한 집 짓기 안내서

성공적인 요리를 위해서는 무엇보다 질 좋은 신선한 식재료가 필요합니다. 만약 재료를 직접 재배할 수 있는 정원이 딸린 집을 가지고 있다면 가장 신선한 재료를 얻을 수 있습니다. 정직하고 훌륭한 시민이든, 평판이 안 좋은 도둑이든 상관없이 탐리엘에는 그들 모두에게 적합한 완벽한 집이 있습니다. 만약 집이 없더라도 걱정하지 마세요, 집은 언제든 새로 지을 수 있습니다! 힘들게 지은 집에서 사는 만족감은 직접 요리한 음식을 먹을 때의 만족감과 크게 다르지 않습니다. 완벽한 집터를 찾아낸다면 취향에 딱 맞는 집을 지을 수 있습니다.

오븐, 버터 제조기, 로티세리, 서늘한 지하 창고, 넉넉한 크기의 저장실과 작업 공간 등 모든 게 완벽하게 갖추어진 주방은 모든 요리사의 꿈이죠. 하지만 그걸로 만족하지 마세요. 만약 당신의 직업이 양조업자이거나 벌꿀술을 좋아한다면 집 밖에 양봉장을 짓고 직접 꿀을 생산해보세요. 솔직히 말해서, 아무도 어떤 "비밀 재료"가 블랙브라이어 양조장에 들어가는지 확실히 알지 못합니다. 따라서 집에 여러분만의 꿀 공급원이 있으면, 다시는 의심스럽고 기원을 알 수 없는 술을 사는 데 도박을 할 필요가 없습니다.

요리하는 걸 좋아한다면 집의 한편에 온실을 만드세요. 특히 스카이림과 같은 추운 지역에서는 온실을 이용하면 작물의 재배 기간을 확실하게 늘릴 수 있습니다. 요리와 연금술 두 가지 모두에 필요한 대파, 토마토, 감자, 당근, 박, 그리고 다양한 종류의 허브를 모두 온실에서 얻을 수 있습니다.

당신에게 딱 맞는 저택을 짓는 데 좀 더 많은 정보와 묘책을 얻고 싶다면 『초보자를 위한 집 건축 안내서』도 꼭 읽어보도록 하세요.

기초

향신료, 양념, & 소스	23
노드 양념	23
스톰클록 양념	25
임페리얼 양념	27
커스터드 소스	29
인동딸기 소스	31
향미 버터	33
시골풍 머스터드	35
임페리얼 버섯 소스	37
달콤한 크로스타타 반죽	39
호밀 파이 반죽	39

향신료, 양념 & 소스

소금은 탐리엘 지역의 모든 요리에 들어가는 매우 중요한 재료 중 하나입니다. 실제로 많은 요리사가 찬장에 소금이 없다면 요리할 생각조차 할 수 없다고 말하곤 합니다.

물론, 다른 양념들도 중요합니다. 예로부터 전해져 내려오는 요리법에는 포함되어 있지 않더라도 요령껏 활용하면 요리를 한층 더 감칠맛 나게 할 수 있는 필수적인 재료가 될 것입니다. 향신료와 양념은 모두 저마다의 역사를 담고 있습니다. 더 멀리서 온 재료일수록 구하기 어렵고 값비쌉니다. 심지어 작은 병에 담긴 향신료가 전체 마을의 식품 저장실에서 가장 비싼 재료일 때도 있습니다.

일반적으로 모든 마을과 모든 가정은 저마다의 특제 양념을 가지고 있지만, 탐리엘 지역에서 가장 흔히 볼 수 있는 특제 양념 세 가지는 다음과 같습니다.

노드 양념

노드 양념은 따뜻한 기운을 가지고 있어서 추운 날에 먹는 요리와 잘 어울립니다. 카더멈과 시나몬이 주는 온기가 메이스, 정향, 그래인 오브 파라다이스와 균형을 맞추고 있습니다. 디저트, 빵, 따뜻한 음료를 만들 때 사용하면 맛을 한 층 드높여 줍니다.

난이도

조리 시간: 5 분   분량: 약 ⅛ 컵

카다멈가루 1½ 큰술
시나몬가루 ¾ 작은술
메이스가루 ¼ 작은술
정향가루 ¼ 작은술
그래인 오브 파라다이스*가루 ⅛ 작은술

* 서아프리카 원산의 향신료로 후추가 대중화 되기 이전에 유럽에서 후추 대용품으로 널리 사용되었다. 동량의 후추로 대체 가능하다.

1. 모든 재료를 섞어서 작은 밀폐용기에 담아 보관한다.

사용 가능한 요리:

인동딸기 소스 (31쪽)
향미 버터 (33쪽)
에이더치즈 사과 조림 (63쪽)
꽈배기빵 (71쪽)
건포도 귀리 쇼트브레드 (145쪽)
사과 코블러 (149쪽)
인동딸기 크로스타타 (151쪽)

스톰클록 양념

스톰클록 양념은 스카이림 전역에서 인기 있는 양념 중 하나인데, 대부분 가정의 마당 한쪽에선 이 양념의 재료들이 재배되고 있을 정도입니다. 다만 그래인 오브 파라다이스는 거의 수입해 오기 때문에 가격이 비싼 편입니다. 가격이 부담스럽다면 일반적인 후추로 대체해도 상관없습니다. 야채, 생선, 고기 요리나 담백한 빵과 잘 어울립니다.

난이도

조리 시간: 5 분   분량: 약 ⅛ 컵

말린 딜 2 작은술

팬넬 씨드 2 작은술

그래인 오브 파라다이스가루 ½ 작은술

머스터드 파우더 1 작은술

1. 모든 재료를 막자사발이나 그라인더에 넣고 간다. 밀폐 용기에 담아 보관한다.

   사용 가능한 요리:

   호밀 파이 반죽 (39쪽)

   매콤한 진흙게 딥소스 (59쪽)

   체더치즈 감자 수프 (97쪽)

   야채 수프 (101쪽)

   화이트강 연어 구이 (109쪽)

   닭고기 경단 (111쪽)

   컴패니언 미트볼 구이 (115쪽)

   축제 핸드 파이 (119쪽)

   호커 구이 (131쪽)

임페리얼 양념

임페리얼의 취사병들이 가지고 온 임페리얼 양념은 임페리얼뿐만 아니라
다른 스카이림 지역에서도 인기 있는 양념입니다. 세이보리의 농후한 향과
고수씨의 산뜻한 감귤향이 독특한 조화를 이루고 있습니다.
채소나 생선 요리와 함께 먹으면 잘 어울립니다.

난이도

조리 시간: 5 분   분량: 약 ⅛ 컵

말린 마조람 3 작은술

말린 세이보리(썸머세이보리)
3 작은술

코리엔더씨드(고수씨)
1 작은술

백후추 ¼ 작은술

1. 모든 재료를 막자사발이나 그라인더에 넣고 간다. 작은 밀폐 용기에 담아 보관한다.

사용 가능한 요리:

임페리얼 버섯 소스 (37쪽)

버섯 야채 리소토 (51쪽)

스지라의 유명한 감자빵 (81쪽)

연안식 클램차우더 (93쪽)

임페리얼 멀드 와인 (167쪽)

커스터드 소스

질 좋은 커스터드 소스는 걸쭉하면서도 크림 같아야 합니다. 커스터드 소스는 디저트에 부어 먹어도 맛있지만, 그냥 숟가락으로 퍼먹어도 똑같이 맛있습니다. 스카이림의 산비탈에서 방목되는 털북숭이 젖소는 커스터드를 만들 최고의 우유를 제공합니다.

난이도

조리 시간: 10 분   식히는 시간: 1 시간
분량: 약 2 컵   곁들이면 좋은 것: 사과 코블러 (149쪽)

계란 2 개
우유 1½ 컵
옥수수전분 2 작은술
설탕 2 큰술
아몬드 익스트랙 한방울
(⅙ 작은술)

1. 작은 소스팬에 계란, 우유, 옥수수 전분, 설탕을 넣고 중불에 올린다. 재료들이 뭉치지 않고 골고루 섞일 때까지 젓는다.

2. 주걱을 들어 올렸을 때 소스가 흘러내리지 않고 되직하게 묻을 때까지 8분가량 젓는다. 이때 소스의 온도는 약 70°C이다.

3. 불을 끄고 아몬드 익스트랙을 넣고 섞는다. 작은 병에 담아 냉장고에 넣어 한 시간가량 식힌다.

사용 가능한 요리:

크림 과자(153쪽)

인동딸기 소스

많은 탐리엘의 요리들이 주변에서 쉽게 얻을 수 있는 재료들을 활용하는데, 인동딸기 역시 스카이림의 북부 지방에서 흔히 볼 수 있는 식용 열매 중 하나입니다. 풍부한 향신료와 약간의 몸을 따뜻하게 해주는 포트와인을 넣은 인동딸기 소스는 디저트뿐만 아니라 고기 요리와도 잘 어울립니다.

난이도

조리 시간: 총 30분   분량: 약 2컵
곁들이면 좋은 것: 호커 구이(131쪽), 아이스크림

냉동 혹은 신선한 크랜베리 340g
비정제 설탕 ⅔컵
노드 양념(23쪽)
  ½ 작은술
물 1컵
선택 사항: 포트 와인
  1 ~ 2 큰술

1. 냄비에 크랜베리, 설탕, 물, 노드 양념을 넣고 중불에 올려 섞는다. 한소끔 끓어오르면 불을 줄이고 크랜베리가 흐물흐물해질 때까지 끓인다.

2. 불을 끄고 크랜베리를 으깨서 소스를 고르게 만든다. 이때 포트와인을 추가해 원하는 농도를 맞추거나 소스를 채에 걸러 좀 더 부드럽게 만들 수 있다.

향미 버터

일반적인 버터는 탐리엘 대륙 어느 지역에서나 쉽게 구할 수 있습니다.
주로 노점이나 여관, 상인에게 구매하곤 하는데, 특별한 날이나 특정
요리에는 일반적인 버터가 아닌 이 특별한 버터를 사용하기도 합니다.
향미 버터는 보통 구운 야채와 환상의 조화를 이루지만
아침 식사에 곁들여 먹어도 훌륭합니다.

난이도

준비 시간: 5 분　분량: ½ 컵 분량의 버터
곁들이면 좋은 것: 구운 화산참마 (45쪽), 따뜻한 토스트, 오트밀

무염버터 8 큰술,
　부드럽게 해서 준비

당밀 ¼ 작은술

노드 양념(23쪽) ¼ 작은술

1. 모든 재료를 믹싱볼에 넣고 충분히 섞일 때까지 섞는다. 랩으로 싸서 냉장고에 보관한다.

시골풍 머스터드

상큼한 맛의 독특한 겨자맛 소스는 주로 찬장에 보관된 수많은 식품 사이의 작은병에 담겨있곤 합니다. 자극적인 맛을 가진 시골풍 머스터드는 겨우내 떨어진 입맛을 돋우는 데 도움을 줍니다.

난이도

준비 시간: 10 분   분량: 약 1 컵   곁들이면 좋은 것: 햄

머스터드 파우더 5 큰술
비정제 설탕 ½ 컵
소금 1 작은술
생크림 1 컵
올리브오일 1 큰술
애플사이다식초 2 큰술

1. 소스팬에 머스터드 파우더, 설탕, 소금을 넣고 섞은 뒤 중불에 올린다.

2. 머스타드 혼합물에 크림을 조금씩 넣어가며 밝은색의 소스가 될 때까지 젓는다. 올리브유와 식초를 넣고 소스가 걸쭉하고 색이 어두워질 때까지 5분 정도 젓는다. 완성된 머스터드는 냉장고에 넣어두면 몇 주 동안 보관할 수 있다.

임페리얼 버섯 소스

임페리얼 버섯 소스는 외곽 지역의 경비병들로부터 기원한 것으로 알려져 있습니다. 본래 다른 음식에 곁들여 먹는 소스이지만 간단한 한 끼 식사로도 훌륭합니다. 소박하고 간단한 시골 음식이지만 임페리얼 군대의 장교들조차도 즐겨 먹는 음식이 되었습니다.

난이도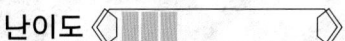

조리 시간: 10 분   분량: 약 4 인분   곁들이면 좋은 것: 호커 구이 (131쪽)

무염버터 2 큰술
양송이 버섯 280g, 깍뚝썬다
중력분 2 큰술
닭육수 ½ 큰술
화이트와인식초 한 방울
임페리얼 양념(27 쪽) 1 작은술
생크림 2 큰술
소금과 후추

1. 버터를 큰 냄비에 넣고 중불에서 녹인 후 버섯을 넣고 부드러워질 때까지 약 5분 동안 재빨리 볶는다.

2. 밀가루를 넣고 버섯에서 나온 물과 버터가 충분히 흡수될 때까지 저은 다음 닭 육수를 넣는다. 소스가 약간 걸쭉해질 때까지 2분가량 계속 젓는다. 임페리얼 양념과 식초, 생크림을 넣고 저어가면서 소금과 후추로 간을 한다.

달콤한 크로스타타 반죽

난이도

조리 시간: 10 분   휴지 시간: 1 시간

분량: 크로스타타 1 개 혹은 작은 파이 몇개 분량의 반죽

중력분 1컵

호밀가루 ½ 컵

차가운 무염버터 6 큰술

소금 한 꼬집

비정제설탕 2 큰술

얼음물 2 큰술, 필요한 만큼 추가한다

1. 중력분, 호밀가루, 소금, 설탕을 중간 크기 믹싱볼에 넣고 섞는다. 버터를 넣고 고운 빵가루와 같은 상태가 될 때까지 손가락으로 문지르듯이 반죽한다.

2. 반죽이 골고루 섞일 때까지 물을 넣어가며 젓는다. 원판 모양으로 만든 후, 랩을 씌워서 냉장고에 1시간 정도 휴지시킨다.

사용 가능한 요리:

쉐오고라스의 딸기 타르트 (147쪽)

인동딸기 크로스타타 (151쪽)

호밀 파이 반죽

난이도

준비 시간: 10 분   휴지 시간: 30 분   분량: 1 회분

중력분 1 컵

호밀가루 1 컵

소금 ½ 작은술

스톰클록 양념(25쪽) ½ 작은술

차가운 무염 버터 6 큰술

얼음물 ⅓ 컵

1. 중력분, 호밀가루, 소금, 스톰클록 양념을 중간 크기 믹싱볼에 넣고 섞는다. 버터를 넣고 거친 빵가루와 같은 상태가 될 때까지 손가락으로 문지르듯이 반죽한다.

2. 반죽이 잘 섞일 만큼의 물을 넣는다. 원판 모양으로 만든 후, 랩을 씌워서 냉장고에 넣고 적어도 30분 동안 휴지시킨다.

사용 가능한 요리:

치즈 대파 크로스타타 (61쪽)

닭고기 경단 (111쪽)

축제 핸드 파이 (119쪽)

크와마알 키슈 (125쪽)

Hammerfell

- Dragonstar
- Skaven
- Sentinel
- The Alik'r Desert
- Gilane
- Taneth
- Hegathe
- Rihad
- Stros M'Kai

전채요리, 안주 & 간식

문슈거 당근 맛탕	43
구운 화산참마	45
구운 파	47
보스머 요깃거리	49
버섯 야채 리소토	51
두 번 구운 감자	53
레드가드 솥밥	55
아르고니안 늪지새우찜	57
매운 진흙게 딥소스	59
치즈 대파 크로스타타	61
에이다치즈 사과 조림	63
솔트라이스 죽	65
선라이트 수플레	67

문슈거 당근 맛탕

카짓 상인의 야영지에 방문하면 당근 맛탕이 조리되고 있는 걸 쉽게 볼 수 있습니다.
대부분의 카짓 음식처럼 문슈거를 이용하지만, 이 특별한 요리법을 적용하면
중독과 같은 부작용 없이 설탕과 유사한 단맛을 낼 수 있으며
무엇보다 합법적입니다.

난이도

조리 시간: 10 분   분량: 4 인분
곁들이면 좋은 것: 노간주 램 찹(129쪽), 구운 고기 요리, 스위트 와인

미니당근 450g
소금 1 작은술
무염버터 1 큰술
비정제설탕 ¼ 컵
카더멈가루 ½ 작은술
오렌지 ½개 분량의
　　오렌지제스트

1. 중간 크기의 냄비에 물을 넣고 끓인다. 당근과 소금을 넣고 당근이 부드러워질 때까지 8분가량 삶는다.

2. 당근을 삶는 동안 중간 크기의 소스팬을 중불에 올리고 그 위에 버터와 설탕을 녹인다. 오렌지제스트와 카더멈을 넣고 잘 섞일 수 있도록 젓는다. 당근을 삶은 동안 약불에 올려 둔다.

3. 잘 삶아진 당근의 겉면의 물기를 완벽하게 제거하고 녹인 설탕 혼합물이 있는 소스팬에 넣는다. 불을 다시 중불로 올리고 당근을 몇 분 동안 저어가며 설탕물로 코팅한다. 이 요리는 미리 만들어 놓고 쉽게 데워서 낼 수 있다.

구운 화산참마

화산참마는 모로윈드의 기후, 특히 레드마운틴의 분화 이후의 기후에서 재배할 수 있는 몇 안 되는 작물 중 하나입니다. 참사를 피해 도망친 던머 중 일부가 잘 보관해둔 화산참마를 스카이림에 전파했고, 노드들은 그들만의 차별화된 맛을 이 요리법에 추가했습니다.

난이도

준비 시간: 5 분   조리시간: 45 분 ~ 1 시간
분량: 4 인분   곁들이면 좋은 것: 향미 버터(33쪽), 구운 채소

큼직한 고구마 4 개
향미버터 1 개 (33쪽)
염소치즈 ¼ 컵, 부셔서 준비
다진 파슬리, 장식용

1. 오븐을 220°C로 예열한다. 고구마를 씻고 물기를 제거한 후 칼로 군데군데 찔러 골고루 익을 수 있게 한다.

2. 고구마를 오븐의 중간단에 놓고 아래 단에는 오븐팬을 두어 물이 떨어지는 걸 방지한다. 찔러봤을 때 칼이 부드럽게 들어갈 때까지 45~60분 정도 굽는다. 오븐에서 꺼낸다.

3. 키친 타올 하나당 하나의 고구마를 싼다. 고구마의 윗부분에 큰 X자 모양으로 칼집을 내고 양쪽 끝부분을 눌러 벌린다. 향미 버터를 원하는 만큼 올리고, 염소 치즈와 파슬리를 뿌려 마무리한다.

구운 파

대파를 재배하는 건 까다롭지만, 스카이림 전역의 강가에선 쉽게 찾아볼 수 있습니다. 이 강인한 식물은 스튜와 풍미 있는 파이를 만드는 데 주로 쓰이지만, 그 자체로도 무척 맛있어서 부자와 가난한 자의 식탁을 가리지 않고 쉽게 찾아볼 수 있습니다.

난이도

준비 시간: 5 분　조리 시간: 15 분
분량: 4 인분　곁들이면 좋은 것: 화이트강 연어 구이(109쪽)

대파 혹은 리크 4 대

올리브유 2 큰술

강판에 갈아낸 파마산 치즈 2큰술

소금, 후추

1. 대파의 흰색과 연한 녹색 부분만 남기고 초록색 부분을 잘라낸다. 뿌리 끝 부분은 잘라내지 않는다. 이렇게 하면 굽는 동안 대파가 분리되는 걸 막을 수 있다. 대파를 반으로 가르고 잘 헹궈 흙과 같은 먼지를 제거한다.

2. 큰 냄비를 강불에 올려 물을 끓인다. 대파를 넣고 부드러워질 때까지 약 5분간 익힌다. 대파를 냄비에서 꺼낸 뒤 변색과 더 익는 걸 방지하기 위해 얼음물에 담가둔다.

3. 넓은 프라이팬에 올리브 오일을 두르고 중간불에 올린다. 팬에 대파를 자른 부분이 밑으로 가게 올리고 갈색이 될 때까지 굽는다. 다 익은 대파를 앞접시로 옮기고 파마산 치즈를 뿌린 다음 소금과 후추로 간을 한다.

보스머 요깃거리

보스머는 '녹색조약'을 철저히 지키기 때문에 그들의 식단을 엄격하게 제한합니다. 발렌우드 숲에서 자생하는 모든 식물을 해치는 걸 금하기에, 쓰러진 고목이나 토탄에 의존해 불을 피우고, 즉석에서 요리한 고기나 염장한 고기를 주식으로 먹습니다. 과일은 오로지 나무에서 자연스럽게 떨어진 것만 먹을 수 있고, 씨앗도 숲의 노여움을 사지 않기 위해 반드시 다시 심어야 합니다. 이 기초적인 요리법은 그 어떤 과일이나 고기와도 잘 어울립니다. 보스머는 신선한 염장 고기라면 정체가 의심스럽더라도 마다치 않고 사용합니다.

난이도

준비 시간: 5 분   조리 시간: 30 분
분량: 16 조각   곁들이면 좋은 것: 견과류, 말린 과일

발사믹식초 2 컵
백설탕(그래뉴당) ½ 컵
소금 한 꼬집
브리치즈 56 g 정도, 부드러워진 것으로 준비
복숭아 2 개, 씨를 제거하고 8등분해서 준비
프로슈토 110g

1. 발사믹 글레이즈부터 만든다. 발사믹 식초, 설탕, 소금 한꼬집을 소스팬에 넣고 중간불에 올린다. 재료들이 잘 섞이도록 저어가며 끓인다. 중불로 낮추고 약 20분 동안 소스가 절반으로 졸아들 때까지 계속 끓인다. 완전히 식혀 따로 보관한다.

2. "요깃거리"를 만들 차례다. 치즈 덩어리를 1작은술보다 좀 더 크게 잘라 복숭아 조각 위에 바른다. 프로슈토 조각으로 치즈와 복숭아를 감싼 다음 작은 꼬치에 끼운다.

3. 발사믹 글레이즈를 뿌려 차려낸다.

팁

복숭아와 브리치즈를 다른 과일과 치즈로 바꾸어 색다른 맛을 느껴 볼 수 있습니다. 만들어볼 만한 다른 조합은 다음과 같습니다.
› 사과와 톡 쏘는 맛의 체더치즈
› 칸탈로프 멜론과 부라타치즈
› 무화과와 블루치즈

버섯 야채 리소토

이런 형태의 음식은 탐리엘 전역에서 발견됩니다. 어느 버섯이나 사용해도 맛있지만 네 종류의 발모라산 버섯을 사용하면 특별한 향토적인 맛을 낼 수 있습니다. 버섯 야채 리소토는 스카이림에서도 인기가 많은데, 허기를 달래는 데 좋아 농부의 오두막에서부터 야를의 저택에 이르기까지 식탁에 오르는 일반적인 음식이 되었습니다. 끝없이 펼쳐진 겨울 대지에서는 누구에게나 때때로 한 그릇의 따뜻한 음식이 필요한 법입니다.

난이도

준비 시간: 15 분   조리 시간: 40 분
분량: 4~6 인분   곁들이면 좋은 것: 화이트강 연어 구이 (109쪽)

무염 버터 ¼ 컵

다진 마늘 2 쪽

다진 대파 1 개, 흰 부분과 연한 초록 부분만 사용한다

작은 당근 1개, 깍둑 썬다

버섯 아무거나 230g, 굵게 다진다

야채 육수 4 컵

알보리오 쌀 1½ 컵

임페리얼 양념 ½ 작은술

강판에 갈아낸 파마산 치즈 ½ 컵

소금, 후추

---

1. 큰 소테팬을 중불에 올려 버터를 녹인 후 마늘과 대파를 넣는다. 향이 올라오고 부드러워질 때까지 몇 분 동안 볶는다. 당근과 버섯을 넣고 버터가 고루 입혀지도록 젓는다. 육수를 몇 방울 넣고 뚜껑을 덮어 당근이 부드러워질 때까지 약 5분간 익힌다.

2. 소테팬에 쌀과 임페리얼 양념을 넣고 섞는다. 꾸준히 저으면서 한 번에 조금씩 야채 육수를 붓는다. 육수가 쌀에 흡수될 때까지 기다렸다가 넣기를 반복한다.

3. 육수가 거의 졸아들면 파마산 치즈를 넣고 섞는다. 소금과 후추로 간을 한다. 이상적인 리소토의 농도는 걸쭉하지만, 밥알이 서로 달라붙지 않는 정도다. 너무 걸쭉하다 싶으면 물이나 육수를 넣어 농도를 맞춘다.

팁

다양한 버섯을 자유롭게 사용할 수 있지만, 크레미니, 양송이, 포르치니, 포르토벨로 버섯을 사용한다면 특히 맛있습니다.

두 번 구운 감자

스카이림의 식탁은 일반적인 농장에서 흔히 볼 수 있는 감자가 주를 이룬다고 합니다.
감자는 여타 과일이나 채소처럼 통에 잘 비축되어 있습니다.
돈이 된다기보다는 실용적이고, 먹을 것 그 이상도 그 이하도 아니라고 여겨지는
감자지만, 이 레시피는 감자를 같은 무게의 셉팀보다 더 가치 있게 만들어 줄 겁니다.

난이도

준비 시간: 15 분   조리 시간: 2 시간
분량: 4 인분   곁들이면 좋은 것: 노간주 램 찹 (129쪽), 호커 구이 (131쪽)

구이용 감자 2 개
가염버터 5 큰술, 조각내서 준비
생크림이나 우유 ¼ 컵
체더치즈 ¼ 컵, 잘게 조각내서 준비
소금 한 꼬집

1. 오븐을 205°C로 예열한다. 감자를 씻고 물기를 제거한다. 구울 때 수증기가 빠져나올 수 있게 구멍을 여러 개 뚫는다. 바삭한 껍질을 위해 버터 1큰술을 감자의 겉면에 바른다. 감자를 오븐의 중간단에 넣고, 아래에는 오븐팬을 두어 물이 떨어지는 걸 방지한다. 감자를 칼로 찔러 봤을 때 부드럽게 들어갈 때까지 1시간가량 굽는다.

2. 감자가 다 구워지면, 세로로 자르고 껍질의 형태를 그대로 유지한 채로 속을 파내 그릇에 담는다. 남은 버터 4큰술과 우유 혹은 생크림, 체더치즈, 소금을 넣고 매쉬포테이토를 만들듯이 으깬다. 이렇게 만들어진 속재료를 감자 껍질에 다시 채워 넣는다.

3. 오븐의 온도를 190°C로 내리고, 속재료를 채운 감자들을 베이킹 시트에 올린다. 감자를 오븐에 다시 넣고 윗부분이 갈색이 될 때까지 15분가량 굽는다. 더 노릇한 색을 원하면 감자를 브로일러 밑에 1분가량 놓고 윗부분을 더 노릇노릇한 갈색이 되게 만든다.

팁

이 간단한 레시피는 훌륭한 맛이 보장됩니다. 다만 요리에 풍미를 더 하고 싶다면 껍질과 속재료 사이에 바싹 구운 베이컨 칩을 넣어 먹어보세요. 약간의 임페리얼과 스톰클록 양념 또한 풍미를 더 해주기에 제격입니다.

레드가드 솥밥

여행길에서도 냄비 하나만 있으면 이 풍부한 향신료가 들어간 요리를 만들 수 있습니다. 레드가드 솥밥의 요리법은 현지에서 구할 수 있는 재료를 이용해 쉽게 수정하고 개선할 수 있게 설계되었지만, 그 본질에는 매우 전통적인 레드가드 요리법이 존재하고 있습니다.

난이도

준비 시간: 5 분   조리 시간: 30 분   분량: 4 인분

곁들이면 좋은 것: 노드 벌꿀주(165쪽), 임페리얼 버섯 소스(37쪽)

무염버터 2 큰술

다진 양파 ½

다진 양고기 450g

시나몬 가루 ½ 작은술

핫 파프리카 가루 ½ 작은술

코리엔더 씨드 ½ 작은술, 갈지말고 통째로

당밀 1 큰술

와일드 라이스 1 컵

닭육수 2 컵

다진 파슬리, 장식용

1. 중간 크기의 냄비에 버터를 넣고 중불에서 녹인다. 양파가 부드러워지고 갈색이 될 때까지 몇 분간 볶는다. 다진 양고기를 넣고 고기가 완전히 갈색이 될 때까지 약 8분에서 10분간 볶는다.

2. 시나몬, 핫 파프리카 가루, 코리엔더 씨드, 당밀을 넣고 볶은 다음 와일드 라이스를 넣는다. 닭 육수를 붓고 뚜껑을 덮고 육수가 쌀에 흡수되어 부드러워 질 때까지 35분에서 45분 정도 끓인다.

3. 뚜껑을 열고 대부분의 수분이 날아갈 때까지 젓는다. 불을 끄고 파슬리를 넣고 섞어서 차려낸다.

아르고니안 늪지새우찜

다른 종족들의 요리에 비해 아르고니안들의 요리는 그다지 맛이 없다고 합니다. 하지만 몇몇 음식은 알트머 사이에서도 인기가 있습니다. 이는 믿기 어렵지만 사실입니다. 아르고니안들은 블랙마쉬에서 잡은 늪지새우로 이 요리를 만드는 걸 선호하지만, 스카이림 해안에서 잡힌 북방종 새우를 사용하기도 합니다.

난이도

조리 시간: 10 분   분량: 8 인분(소량씩) 혹은 다수의 인원이 먹기에 충분한 양
곁들이면 좋은 것: 군옥수수, 스위트 화이트 와인

물 2컵
손질한 새우 450g
간장 ½ 컵
옥수수전분 1 큰술
비정제설탕 1 큰술
당밀 2 큰술
말린 타임 ½ 작은술
칠리파우더 ½ 작은술
무염버터 1 큰술
생크림 2 큰술

1. 큰 팬에 중불로 물을 끓이고 새우를 넣는다. 밝은 분홍색이 돌 때까지 2분에서 3분가량 삶는다. 익힌 새우를 꺼내어 잠시 옆에 둔다. 원한다면 이 시점에서 꼬리 부분을 제거해도 된다.

2. 작은 믹싱볼에 간장과 옥수수 전분을 넣고, 전분이 녹을 때까지 젓는다. 만들어진 전분물을 설탕, 당밀, 타임, 칠리 파우더와 함께 끓는 물에 넣는다.

3. 소스가 아주 걸쭉해질(그러나 부을 수 있게끔) 때까지 졸인다. 불을 끄고 버터와 생크림을 함께 섞는다. 새우를 앞접시에 담고 소스를 위에 끼얹거나 따로 찍어 먹을 수 있도록 차려낸다.

매콤한 머드크랩 딥소스

터놓고 말해서 다들 한 번쯤 성가시고 거대한 게에게 쫓겼던 적이 있을 겁니다.
이제 당신은 그 거만한 갑각류를 맛있는 딥소스에 섞어서 복수할 수 있습니다.
게다가 친구들까지 데리고 오는 데 먹지 않을 이유가 없지 않나요?

난이도

준비 시간: 5 분   조리 시간: 20 분
분량: 1 파티사이즈(약 8~10인분)   곁들이면 좋은 것: 크래커, 바게트

크림 치즈 226g, 부드럽게 해서 준비

생크림 ¼ 컵

화이트 와인 식초 한 방울

게살 226g, 잘게 찢어서 준비

스톰클록 양념(25쪽) 1 작은술

체더치즈 ½ 컵, 잘게 조각내서 준비

다진 대파 2 큰술

칠리파우더 한 꼬집

강판에 갈아낸 파마산 치즈 3 큰술

바게트나 크래커, 인원수만큼 준비

1. 오븐을 205°C로 예열한다.

2. 크림치즈와 생크림을 중간 크기의 그릇에 담아 크리밍한다. 파마산 치즈를 제외한 나머지 재료를 넣어 균일하게 섞일 수 있도록 젓는다.

3. 크림을 중간 크기의 베이킹용 그릇에 넣고 윗부분을 평평하게 만든다. 파마산 치즈를 위에 뿌리고 딥소스가 뜨거워지고 치즈가 녹아 윗부분이 황갈색이 될까지 20분 정도 굽는다. 크래커나 바게트를 잘라 함께 차려낸다.

치즈 대파 크로스타타

스카이림의 대표적인 두 가지 재료를 섞으면 든든한 타르트를 만들 수 있습니다. 나들이 갈 때나 간식으로도 좋지만 메인 디쉬랑 같이 곁들여 먹을 사이드 디쉬로도 훌륭합니다. 에이다 치즈나 염소 치즈로 만든 게 유명하지만, 체더치즈로도 훌륭한 크로스타타를 만들 수 있습니다.

난이도

준비 시간: 25 분   조리 시간: 25 분   분량: 타르트 1 개 (6~8인용)
곁들이면 좋은 것: 맥주, 환상의 포타주 (103쪽)

호밀 파이 반죽(39쪽) 1 개

대파 2 개, 흰 부분과 연한 초록 부분만 사용한다, 얇게 썰어서 준비

무염버터 2 큰술

중력분 1 큰술

생크림 ⅓~½ 컵

체더치즈 혹은 그뤼에르치즈 1 컵

강판에 갈아낸 파마산 치즈 1 큰술, 토핑용

소금, 후추

1. 오븐을 175°C로 예열하고 베이킹시트에 유산지를 깐다. 작업대에 밀가루를 살짝 뿌리고 파이 반죽을 0.3cm 두께로 편다. 대략 둥근 모양을 유지하도록 노력하는 게 좋으나 울퉁불퉁한 귀퉁이도 괜찮다. 준비된 베이킹시트에 조심스럽게 반죽을 얹어 옆에 둔다.

2. 중간 크기의 냄비에 버터를 넣고 중불에서 녹인다. 대파가 부드럽고 황갈색을 띨 때까지 5분에서 10분가량 볶는다. 밀가루를 넣고 잘 섞는다. 생크림을 조금씩 부어 가면서 걸쭉해질 때까지 젓는다.

3. 불을 끄고 체더나 그뤼에르 치즈를 넣고 섞는다. 소금과 후추로 간을 한다. 속재료를 10분 정도 식히고 준비해 둔 반죽 한 가운데로 옮긴다. 속재료를 파이 반죽 가장자리 4cm 정도를 남겨 두고 펴바른다. 속재료 위에 파마산치즈를 뿌려 주고, 파이 반죽 가장자리를 겹쳐지게끔 접는다.

4. 25분간, 혹은 속재료의 맨 윗부분이 황금색으로 변할 때까지 굽는다. 몇 분간 식혔다가 먹기 좋은 크기로 잘라서 차려낸다.

에이다치즈 사과 조림

길고 힘든 퀘스트 후에 풍성한 고기 조각과 함께 이 사과 조림을 먹어 보세요. 절대 실망하지 않을 겁니다. 아무 사과나 사용해도 좋지만, 식탁에 남겨진 먹던 상한 사과만큼은 쓰지 않도록 주의하세요. 어떤 음식과도 잘 어울리지만 후식으로 먹어도 정말 맛있습니다. 잘 숙성된 에이다 치즈를 좋아하지 않는다면 염소 치즈를 써도 됩니다. 좀 더 말끔하고 달콤한 맛을 원한다면 치즈를 쓰지 않는 방법도 있습니다.

난이도

준비 시간: 10 분   조리 시간: 10 분
분량: 4인분(소량씩)   곁들이면 좋은 것: 돼지고기 요리, 오트밀

무염 버터 3 큰술

큼직한 사과 4~5개, 껍질과 씨를 제거하고 깍뚝썬다

말린 블랙커런트 ¼ 컵

비정제설탕 ½ 컵

노드 양념(23쪽) 1 작은술

소금 한 꼬집

바닐라 익스트랙 한 방울

옥수수전분 2 작은술

찬물 ¼ 컵

블루치즈 ¼ 컵, 부서서 준비, 토핑용

1. 냄비를 중불에 올려 버터를 녹인다. 사과를 넣고 가끔 저으며 사과가 어느 정도 부드러워질 때까지 약 6분 동안 조리한다. 블랙커런트와 설탕, 노드 양념, 소금과 바닐라 익스트랙을 넣고 섞는다.

2. 작은 믹싱볼에 옥수수 전분을 물에 풀어 전분물을 만든다. 전분물을 사과 혼합물이 있는 냄비에 넣고 잘 섞는다. 사과조림이 어느 정도 꾸덕꾸덕해질 정도로 약 1분간 더 졸인다. 앞접시에 덜어낸 후 기호에 맞게 블루치즈를 올려 차려낸다.

솔트라이스 죽

모로윈드의 활발한 솔트라이스 수출 사업은 던머의 전통 음식을 대중적인 음식으로 만들었습니다. 북부의 일부 지역에서는 귀리 같은 다른 조식용 곡물까지 앞지르고 있습니다. 귀리 같은 일반적인 곡물은 재배 기간이 짧은 북부에선 재배할 수 없기 때문입니다.

난이도

준비 시간: 5 분   조리 시간: 45 분   분량: 4 인분
곁들이면 좋은 것: 스위트롤 (157쪽), 진하게 우린 홍차

- 백미 ¾ 컵
- 물 1½ 컵
- 우유 2½ 컵
- 꿀 1~2 큰술
- 소금 한 꼬집
- 바닐라 엑스트렉 2 작은술
- 기호에 따라 토핑으로 버터, 말린 과일, 견과류, 시나몬 가루, 넛맥가루 혹은 생크림을 준비

1. 중간 크기의 팬에 쌀과 물을 넣고 물이 끓기 직전까지 가열한다. 불을 은근히 끓는(시머링) 온도까지 낮추고 뚜껑을 덮는다. 물이 다 없어질 때까지 10~15분 정도 끓인다.

2. 불을 약불로 내리고 우유를 한 번에 ½컵 정도씩 여러 번 천천히 추가한다. 죽이 원하는 만큼 꾸덕해지고 쌀이 부드러워질 때까지 우유를 5분마다 추가한다. 꿀, 소금 바닐라 익스트랙을 넣고 함께 섞는다.

3. 간을 보고 기호에 맞게 당도를 조절한다. 원한다면 여분의 꿀, 버터, 건과일, 견과류, 시나몬, 넛맥, 생크림을 추가해서 차려낸다.

선라이트 수플레

미식가의 저서 "대단한 맛"을 보면 알 수 있듯이 미식가는 요리도구의 재질까지 제한할 정도로 까다롭기로 유명합니다. 하지만 이 브래튼식 요리는 히코리 숟가락이 없어도 간단하게 만들 수 있습니다. 계란과 치즈로 만들어진 가볍고 푹신한 이 요리는 섬세한 맛을 지니며, 취향에 따라 재료를 쉽게 바꾸거나 추가하여 즐길 수 있습니다.

난이도

준비 시간: 20 분   조리 시간: 20 분   분량: 4 인분
곁들이면 좋은 것: 신선한 과일, 토스트, 커피 혹은 차

재료
- 계란 4개, 흰자와 노른자를 분리해서 준비
- 무염버터 2 큰술
- 중력분 2 큰술
- 데운 우유 ¾ 컵
- 강판에 갈아낸 파마산 치즈 ¾ 컵 정도
- 넛맥 ½ 작은술
- 소금, 후추

1. 오븐을 190°C로 예열하고, 지름 15cm 라미킨(작은 오븐용 그릇)에 살짝 버터를 바른다.

2. 중간 크기의 믹싱볼에 계란 흰자를 넣고, 부드러운 봉우리가 올라올 때까지 머랭을 친다. 잠시 옆에 놔둔다.

3. 작은 팬이나 냄비를 중불에 올려 버터를 녹이고, 밀가루를 넣고 밀가루가 모두 섞일 때까지 1분가량 저어서 루를 만든다. 혼합물이 걸쭉해질 때까지 우유를 넣어가며 몇 분 더 젓는다. 불에서 팬을 제거하고 치즈와 넛맥, 소금과 후추를 각각 한 번씩 뿌린다.

4. 큰 믹싱볼에 계란 노른자를 약 1분간 쳐서 밝은색 크림처럼 만든다. 계란 노른자를 저으면서 만들어 놓은 루를 서서히 추가하며 잘 섞이도록 젓는다. 머랭에 노른자 믹스를 조심스럽게 섞는다. 준비된 라미킨에 혼합물을 균등하게 나누어 담는다.

5. 맨 윗부분이 부풀어 오르고 살짝 갈색이 될 때까지 약 20분에서 25분간 굽는다. 오븐을 열어 잠깐 확인해보고 싶어도 참아야한다. 수플레가 무너질 수도 있기 때문이다. 기대하시라, 태양의 찬란함을!

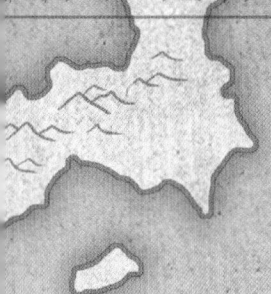

제빵

꽈배기빵	71
목초지 호밀빵	73
치즈 스콘	75
마늘빵	77
양배추 비스켓	79
스지라의 유명한 감자빵	81
견과류 씨앗빵	83
호밀칩	85
라벤더 벌꿀 식빵	87

꽈배기 빵

꽈배기 빵과 같이 스카이림의 몇몇 요리는 특별한 경우를 위해 마련되었습니다. 이 아름다운 빵은 비축해둔 먹을 것은 거의 다 떨어지고 날씨는 좋아질 기미가 보이지 않는 한겨울날 남은 건과일과 견과류 그리고 향신료를 비롯한 몇몇 귀중한 재료들을 사용해서 만듭니다. 이 특별한 빵은 지난 해의 수확을 기념하고 더 밝은 미래를 기원하는 의미를 담고 있습니다.

난이도

준비 시간: 15 분   발효 시간: 2 분   굽는 시간: 25 분
분량: 1 덩이   곁들이면 좋은 것: 신선한 버터나 잼

데운 우유 1 컵

비정제설탕 ¼ 컵

무염버터 2 큰술

인스턴트 이스트 2 작은술

노드 양념(23쪽) 1 작은술

계란 2개, 1개씩 따로 준비

말린 과일과 견과류 믹스 ½ 컵 (호두, 피칸, 말린 살구, 무화과 등)

통밀 가루 3 컵

중력분 2 컵

1. 우유, 설탕, 버터, 이스트, 노드 양념, 계란 하나를 중간 크기의 믹싱볼에 섞는다. 견과류와 말린 과일을 넣고 섞어 준 후 밀가루(통밀가루와 밀가루 모두)를 섞는다. 너무 끈적하지 않고 적당한 상태가 될 때까지 섞는다.

2. 반죽을 밀가루를 살짝 뿌린 작업대에 올려놓고 찔렀을 때 다시 올라오는 상태가 될 때까지 두 손을 사용하여 접어서 누르고 늘리면서 몇 분간 반죽한다. 축축한 천으로 덮은 다음 따뜻한 곳에 놓아 두 배 정도 부풀 때까지 1시간가량 기다린다.

3. 오븐을 230°C로 예열하고 베이킹 시트에 버터를 바르거나 유산지를 깐다. 반죽을 삼등분하여 손으로 밀거나 작업대에 굴려 약 35cm 길이의 끈 모양의 반죽을 만든다. 반죽의 한쪽을 함께 꼬집은 후 꼬아서 베이킹 시트에 올린다. 두 배 정도 부풀 때까지 1시간가량 기다린다.

4. 작은 믹싱볼에 남은 계란을 풀어서 계란물을 만들어서 반죽에 바른다. 빵의 색이 어둡고 광택이 돌 때까지 25분간 굽는다. 먹기 전 최소한 15분 정도 빵이 식도록 둔다.

목초지 호밀빵

만들기 쉬운 호밀빵은 그냥 먹어도 맛있지만, 특히 수프와 같은 녹진한
음식과 잘 어울립니다. 여관의 식당에서 쉽게 찾을 수 있는데 주문과 동시에
나오기 때문에 성질 급한 손님들이 좋아합니다.

난이도

준비 시간: 10 분 발효 시간: 2 시간 굽는 시간: 30 분
분량: 1 덩이   곁들이면 좋은 것: 연안가 클램차우더(93쪽), 버터와 잼

통밀 가루 1 컵
호밀 가루 1½ 컵
비정제설탕 ¼ 컵
베이킹 소다 1 큰술
소금 1 작은술
말린 블랙커랜트 ½ 컵
스타우트 맥주 ½ 컵
버터밀크 ½ 컵

1. 오븐을 205°C로 예열한다.

2. 중간 크기의 믹싱볼에 가루, 호밀 가루, 설탕, 베이킹소다, 소금, 블랙커런트를 섞는다. 맥주를 넣고 천천히 버터밀크를 넣어가며 만졌을 때 너무 끈적이지 않는 반죽을 만든다. 모든 재료가 골고루 섞이게끔 밀가루를 뿌린 작업대에 올려 두 손을 사용하여 접어서 누르고 늘리면서 두세번 반죽한다.

3. 크고 동그란 타원형의 반죽을 만들어 베이킹 시트에 올린다. 반죽의 맨 윗부분에 칼집을 내어 꾸미고, 약 40분 동안 굽는다. 잘 구워진 빵은 빵의 아랫면을 톡톡 쳤을 때 빈 소리가 난다.

치즈 스콘

스콘은 일반적으로 아침 메뉴였지만, 다양하게 활용됨으로써 대표적인 주식 중 하나로 자리 잡았습니다. 특히 약간의 풍미를 더하면 말할 것도 없습니다. 이 레시피를 활용해 다양한 종류의 치즈를 넣은 스콘을 만들 수 있습니다. 스카이림에서는 에이다르와 매머드 치즈로 만든 게 인기가 가장 많다고 합니다. 다만 모험을 즐기는 이들은 치즈와 비슷한 모로윈드 지역의 딱정벌레의 살로 만든 스커틀로도 도전해 볼 수도 있습니다. 오븐에서 꺼낸 후 온기가 남아 있을 때나, 신선한 버터에 찍어 먹으면 스커틀로 만든 괴짜스러운 스콘도 맛있을 겁니다.

난이도

준비 시간: 5 분 굽는 시간: 15 분
분량: 12 개 곁들이면 좋은 것: 신선한 버터, 완두콩 수프(99쪽)

- 중력분 2 컵
- 설탕 2 큰술
- 베이킹 파우더 2 작은술
- 머스터드 파우더 ½ 작은술
- 소금 ½ 작은술
- 무염 버터 ¼ 컵, 차갑게해서 준비, 깍뚝썬다
- 사워 크림 ½ 컵
- 숙성 체더치즈 1 컵
- 버터 밀크 ¾ 컵
- 계란 1 개, 풀어서 준비
- 강판에 갈아낸 파마산 치즈 2 큰술

1. 오븐을 205°C로 예열한다. 큰 믹싱볼에 밀가루, 설탕, 베이킹파우더, 머스터드 파우더, 소금을 넣고 섞는다. 버터를 넣고 고운 빵가루 같은 상태가 될 때까지 손가락으로 문지르듯이 반죽한다.

2. 사워크림을 추가하고 균일하게 섞일 때까지 젓는다. 치즈를 넣고, 너무 건조하거나 질척이지 않게끔 버터밀크를 조금씩 추가하며 적당한 반죽을 만든다.

3. 밀가루를 가볍게 뿌린 작업대에 반죽을 올린다. 반죽을 납작하게 눌러 펴고 스콘을 구웠을 때 결을 만들어 주기 위해 몇 번 접는다. 그리고 약 1.3cm 두께의 원모양으로 찍어낸다. 날카로운 칼을 사용하여 반죽을 불규칙한 삼각형 모양으로 잘라내고, 버터를 칠하거나 유산지가 깔린 베이킹시트 위에 올린다.

4. 스콘에 계란물을 바르고 파마산 치즈를 뿌려 준 후 황금빛이 돌고 속까지 완전히 익을 때까지 15분간 굽는다.

마늘빵

버터와 마늘을 올린 두꺼운 마늘빵은 따뜻한 수프와 잘 어울립니다.
아주 쉽고 빨리 만들 수 있는 요리지만, 손님이나 가족 모두를 만족 시키기에도
충분합니다. 심지어 마늘은 건강과 체력, 매지카에도 좋습니다.

난이도

준비 시간: 5 분   조리 시간: 15 분   분량: 적어도 8 인분
곁들이면 좋은 것: 야채 수프 (101쪽), 파스타

이탈리안 브래드 1개
(약 450g)

가염 버터 ½ 컵, 부드럽게 준비

다진 마늘 3 쪽

신선한 파슬리 1 큰술,
잘게 다져서 준비

강판에 갈아낸 파마산 치즈
¼ 컵

1. 오븐을 175°C로 예열하고 큰 베이킹시트를 준비한다. 빵을 2.5cm 두께로 자르고 베이킹 시트에 올린다. 작은 믹싱볼에 버터, 마늘, 파슬리를 섞는다. 더 진한 맛을 원할 경우 버터와 마늘을 빵에 바르기 전에 함께 몇 시간 동안 재운다.

2. 빵 조각에 버터를 발라 주고, 10분간, 혹은 버터가 빵에 충분히 스며들 때까지 굽는다.

3. 빵을 오븐에서 꺼내고 브로일러를 켠다. 파마산 치즈를 각 조각에 올려 주고 브로일러 밑에 치즈가 녹아 살짝 황금빛이 돌 때까지 몇 분 동안 올려둔다. 바로 차려낸다.

양배추 비스켓

발모라는 파괴되었지만, 던머들은 할루 가문의 요새를 방문했을 때 즐겨 먹던 맛있는 음식을 기억하고 있습니다. 이 맛있는 비스킷은 스크립 양배추 같은 모로윈드의 최상의 식재료로 만들었습니다. 좀 투박하지만 은은한 풍미가 있어서 다양한 음식과 함께 먹거나 따뜻한 수프를 곁들여 먹기도 합니다.

난이도

준비 시간: 30 분 발효 시간: 1½ 시간 굽는 시간: 20 분
분량: 약 16 개 곁들이면 좋은 것: 사워 크림, 완두콩 스프(99쪽)

작은 양배추 ½ 개(약 450g)
굵은 소금 2 작은술
식물성 기름 1 큰술
후추 한꼬집
가염버터 ¼ 컵
우유 ½ 컵
백설탕(그래뉴당) 2 작은술
인스턴트 이스트 1 작은술
중력분 2½ 컵, 필요한 만큼 더 추가
계란 1 개
생크림 1 큰술

1. 양배추를 강판이나 푸드프로세서에 곱게 간다. 굵은 소금으로 양배추를 버무리고 체에 밭쳐 30분에서 1시간가량 물기를 뺀다. 그 후 양배추를 짜서 물을 더 빼내고 짜낸 물은 버린다.

2. 중간 크기 소테팬이나 냄비를 중불에 올리고 식물성 기름을 넣는다. 갈아둔 양배추를 후추와 함께 살짝 갈색이 돌 때까지 10~15분간 볶는다.

3. 볶은 양배추를 버터와 함께 중간 크기의 믹싱볼에 옮겨 담고, 버터가 녹을 때까지 저은 다음 우유를 넣는다. 설탕을 넣고, 이스트, 계란을 순서대로 넣고 젓는다. 믹싱볼의 표면에서 잘 떨어지는 상태의 반죽이 될 때까지 밀가루를 조금씩 넣어가며 천천히 섞는다.

4. 반죽을 찔렀을 때 다시 튕겨 오르는 상태가 될 때까지 몇 분간 두 손을 사용하여 접어서 누르고 늘리면서 반죽한다. 천으로 덮어 원래 크기의 최소한 절반 크기 가량 더 부풀어 오를 수 있도록 1시간 동안 따뜻한 곳에 놓아둔다.

5. 오븐을 175°C로 예열한다. 대강 2cm 두께로 반죽을 편 다음 예리한 칼로 체크 모양의 패턴을 낸다. 반죽을 지름이 2~3cm 정도 되는 동그란 모양으로 잘라 베이킹 시트에 올린다. 비스킷 반죽이 다시 부풀어 오를 수 있도록 약 20분간 놓아둔다. 생크림을 반죽 윗면에 발라주고 윗면이 황금빛 갈색이 될 때까지 약 20분간 굽는다. 만든 당일에 먹는 것이 제일 좋다.

스지라의 유명한 감자빵

여행가들에 따르면 이상한 카짓 스지라는 파레길여관에서 마주치는 사람에게 감자빵을 판다고 합니다. 하지만 밀을 많이 소비하는 스카이림의 노드들도 빵의 양을 늘리기 위해 감자를 추가하는 제빵법을 고안했고, 많은 연구 끝에 버터를 바른 맛있고 담백한 감자빵을 만들어냈습니다.

난이도

준비 시간: 10 분   조리 시간: 15~20 분   분량: 빵 몇개
곁들이면 좋은 것: 크림치즈, 훈제연어, 신선한 버터

- 옥수수가루, 덧가루용
- 으깬감자 2 컵, 러셋감자 같이 큰 감자
- 무염 버터 3 큰술, 녹여서 준비
- 소금 한꼬집
- 임페리얼 양념(27쪽) ½ 작은술
- 계란 1 개
- 중력분 1~2컵

1. 오븐을 220°C로 예열하고 옥수수 가루를 베이킹시트에 살짝 뿌린다.

2. 남은 재료를 모두 큰 볼에 섞어 주고, 밀가루를 조금씩 넣어 너무 끈적이지 않는 적당한 반죽을 만든다. 밀가루를 살짝 묻힌 손으로 반죽을 지름 15cm 정도 되는 여러 개의 둥글고 납작한 모양을 만들어 베이킹시트에 올린다. 포크로 반죽을 몇 번 찌른 다음 맨 윗면이 황갈색이 될 때까지 15분에서 20분간 굽는다.

3. 빵은 만든 날 먹는 게 가장 맛있으나, 조금 더 보관했다 먹어도 괜찮다.

팁

다른 종류의 밀가루를 활용해서 다양한 맛의 빵을 만들 수 있습니다. 호밀은 전통적인 노드식 밀가루지만 정교하게 가공된 다른 밀가루도 사용하기에 괜찮습니다. 이 레시피에는 먹고 남은 으깬 감자나 구운 감자를 사용할 수도 있습니다. 다만, 삶은 감자는 너무 물기가 많아 적합하지 않습니다.

견과류 씨앗빵

단백질과 영양소가 가득한 씨앗빵은 오랫동안 두고 먹을 수 있기 때문에 탐리엘의 야생에서 이름을 날리기를 간절히 원하는 모험가들의 식량으로 매우 이상적인 음식입니다. 아이언우드 열매나 야생화 씨앗 등의 다양한 재료가 추가될 수 있습니다.

난이도

준비 시간: 10 분　조리 시간: 45 분
분량: 1 덩이　곁들이면 좋은 것: 크림치즈, 보존 처리한 연어, 잼

견과류 믹스 2 컵 (아몬드, 피스타치오, 피칸, 잣, 헤이즐넛, 호두 등)

씨앗 믹스 3 컵 (포피씨드, 치아씨드, 깨, 해바라기씨, 호박씨, 기장, 아마씨 등)

오트밀 2 컵

건포도 혹은 블랙커랜트 ½ 컵

계란 4 개

천일염 1½ 작은술

애플사이다식초 1 큰술

1. 오븐을 175°C로 예열하고, 21.5cm x 11.5cm 크기의 식빵틀 (파운드틀)에 유산지를 깐다. 이렇게 하면 구워진 후 빵을 쉽게 꺼낼 수 있다.

2. 모든 재료를 큰 볼에 넣어 섞어 주고, 균일하게 섞일 수 있도록 젓는다. 준비된 틀에 반죽을 조심스럽게 부어 주고, 단단하게 채우기 위해 숟가락 뒷면으로 누르면서 넣는다. 윗면이 황금빛으로 변하기 시작하고 빵을 톡톡 두들겼을 때 빈 소리가 나는 상태가 될 때까지 약 45분간 굽는다. 오븐에서 꺼내어 빵을 꺼내어 자르기 전에 팬에서 식힌다.

3. 빵이 딱딱하기 때문에, 얇게 썰어서 먹는 걸 추천한다. 그대로 차려내거나 자른 후 약간 더 구워서 차려낸다.

팁

이 레시피는 어떤 재료로도 쉽게 바꿔 적용할 수 있습니다. 자유롭게 실험해보세요!

호밀칩

대부분의 노드는 어업으로 생계를 이어 가는데, 그들이 잡은 물고기는 스카이림의
전역이나 커다란 농장으로 유통됩니다. 고기를 잡는 일에는 많은 시간과 노력이
들기에 충분한 양의 영양가 있는 음식이 필요했습니다. 호밀칩은 영양가가 높고
맛있지만 얇아서 보관하기도 쉬워 어부에게 있어서는 최고의 주식입니다.
크림치즈나 훈제 생선 요리와 잘 어울립니다.

난이도

준비 시간: 10 분   발효 시간: 45 분   조리 시간: 30 분
분량: 12 개   곁들이면 좋은 것: 크림치즈, 훈제 생선, 잼

호밀가루 1½ 컵, 덧가루용으로
　조금 더 준비
인스턴트 이스트 1 작은술
오트밀 ¼ 컵
참깨 ¼ 컵
포피씨드 1 큰술
펜넬씨드 1 작은술
카라웨이씨드 1 작은술
소금 한꼬집
물 ½ 컵

1. 물을 제외한 모든 재료를 큰 믹싱볼에 섞는다. 반죽이 너무 끈적이거나 건조하지 않게끔 물을 조금씩 천천히 넣어 적당한 농도의 반죽을 만든다. 작업대에 밀가루를 뿌리고 반죽을 꺼내어 찔렀을때 다시 올라오는 상태가 될 때까지 몇 분간 두 손을 사용하여 접어서 누르고 늘리면서 반죽한다. 타올로 감싸고, 두 배 정도로 부풀어 오를 수 있도록 따뜻한 장소에 45분간 놓아둔다.

2. 반죽이 부풀어 오르면 오븐을 205°C로 예열한 후 평평한 베이킹 시트를 준비한다. 반죽을 12개 혹은 그 이상의 균등한 공 모양으로 나눈다. 각각의 공 모양 반죽에 밀가루를 묻힌 다음 작업대에 납작하게 편다. 반죽이 작업대에 달라붙지 않게 가끔 떼서 뒤집어 가면서 얇고 납작한 원판 모양으로 반죽을 약 6mm 두께로 펴낸다.

3. 펴진 반죽을 베이킹 시트로 옮긴다. 한 번에 4개씩 가장자리가 갈색을 띨 때까지 약 10분간 굽는다.

팁

이 조리법에 제시된 씨앗 종류는 예시일 뿐입니다. 저장실에 있는 식재료에 따라 조리법을 즉흥적으로 변경해도 좋습니다.

라벤더 벌꿀 식빵

라벤더 벌꿀 식빵은 화이트런의 명물입니다. 들에선 라벤더가 만개하고 무수히 많은 벌통이 있는 화이트런의 자연환경은 허닝브루 양조장에 벌꿀술 양조를 위한 충분한 꿀을 제공하기에 적합합니다. 또한, 꿀과 라벤더는 매우 잘 어울리므로 벌꿀술 말고도 풍미 있는 빵을 만들 때 이용하기도 합니다.

난이도

준비 시간: 15 분   발효 시간: 1 시간   굽는 시간: 25 분   분량: 식빵 1 개
곁들이면 좋은 것: 호닝부르 벌꿀술(162쪽), 신선한 베리류로 만든 잼과 버터

우유 1¼ 컵
무염버터 ¼ 컵
벌꿀 ⅓ 컵
식용 라벤더 수북한 1 큰술
인스턴트 이스트 2 작은술
소금 1 작은술
통밀가루 2 컵
중력분 2 컵

1. 약 21cm x 11cm 크기의 식빵틀(파운드틀)에 버터를 발라둔다. 큰 믹싱볼에 우유, 버터, 꿀을 넣고 꿀이 녹을 때까지 젓는다. 라벤더, 이스트, 소금, 밀가루 1컵을 넣고 반죽한다. 이어서 한 번에 밀가루와 통밀가루를 1컵씩 넣어가며 끈적이지 않을 때까지 반죽한다.

2. 작업대에 밀가루를 가볍게 뿌리고 몇 분 동안 두 손을 사용하여 접어서 누르고 늘리면서 반죽한다. 반죽을 찔렀을 때 반죽이 저절로 튀어나오면 어느 정도 반죽이 된 것이다. 반죽을 직사각형 모양으로 만들어 틀에 넣는다. 랩으로 덮고 크기가 두 배가 될 때까지 약 1시간 동안 따뜻한 곳에 둔다.

3. 반죽이 잘 부풀면, 205°C로 예열한 오븐에 이쑤시개로 찔렀을 때 반죽이 묻어나오지 않을 때까지 약 25~30분 동안 굽는다. 빵은 자르기 전에 식혀야 한다.

팁

식용 라벤더는 연금술사에게서 구할 수 있지만, 건강 식품점이나 온라인 상점에서 더욱 쉽게 구입 할 수 있습니다.

Skyrim

- Solitude
- Dawnstar
- Winterhold
- Morthal
- The Reach
- Windhelm
- Whiterun
- Falkreath

Sea of Ghosts

N

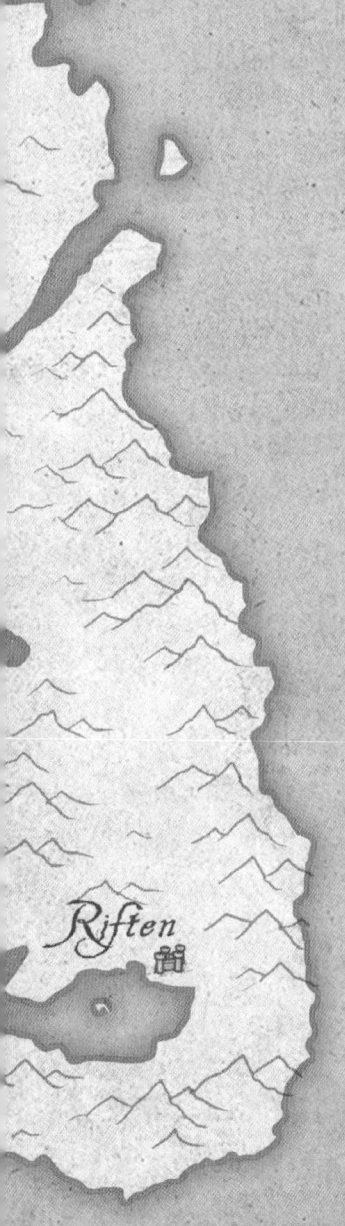

수프 & 스튜

사과 양배추 스튜	91
연안식 클램차우더	93
파로를 넣은 갈비찜	95
체더치즈 감자 수프	97
완두콩 수프	99
야채 수프	101
환상의 포타주	103

사과 양배추 스튜

임페리얼들은 더 달콤한 적양배추를 사용하는 레시피를 선호하지만,
진정한 노드는 전통적인 이 요리법에 애정을 품고 있습니다.
별다른 재료가 들어가지 않지만, 영양가 있고 풍미 있는 요리입니다.

난이도

조리 시간: 30 분 분량: 약 4 인분
곁들이면 좋은 것: 염장 건조 소시지(살라미, 초리소 등), 차가운 맥주

무염버터 2 큰술
파 1개, 하얀 부분만 얇게 썬다
양배추 ½ 개, 얇게 썬다
말린 타임 1 작은술, 장식용으로 조금 더 준비
닭육수 6컵
청 혹은 홍사과 1 개 혹은 2 개, 씨를 제거하고 깍뚝썬다

1. 큰 팬에 버터를 녹이고 대파를 넣는다. 대파가 부드러워질 때까지 몇 분간 볶는다. 연한 갈색이 돌기 시작하면 양배추를 넣는다.

2. 양배추가 부드러워질 때까지 10분 정도 볶는다. 타임과 닭 육수를 넣은 다음 사과를 넣는다. 사과가 입맛에 맞게 부드러워질 때까지 15분 정도 더 끓인다. 남겨둔 타임은 음식을 내어놓을 때 장식으로 뿌린다.

연안식 클램차우더

연안식 수프에는 그날 무엇을 잡았느냐에 따라 노르딕 따개비, 대합, 굴, 진흙게 등의 다양한 해산물들을 넣을 수 있습니다. 솔리튜드와 윈터홀드 같은 해안을 끼고 있는 도시의 여관 주방 한쪽에선 항상 차우더가 한 솥 가득 끓고 있습니다.

난이도

준비 시간: 5 분 조리 시간: 1 시간
분량: 4 인분 곁들이면 좋은 것: 목초지 호밀빵(73쪽)

- 베이컨 110g, 깍뚝썬다
- 중간 크기 감자 2개, 껍질을 벗기고 깍뚝썬다
- 파 1개, 흰 부분과 연한 초록 부분만 썰어서 준비
- 대합 혹은 해산물 통조림 1 개 (약 280g), 국물도 버리지 않고 사용
- 임페리얼 양념(27쪽) 1 작은술
- 생선육수 2 컵
- 물 2~4 컵, 필요한만큼 더 준비
- 무염버터 2 큰술
- 중력분 2 큰술
- 우유 1 컵

1. 큰 냄비의 아랫부분에 베이컨을 깔고, 그 위에 감자, 대파, 국물을 포함한 해산물 혹은 조개 통조림을 순서대로 넣는다. 임페리얼 양념을 뿌리고 생선 육수를 붓는다. 모든 재료가 잠길 때까지 충분한 물을 넣은 후, 감자가 부드러워지고 모든 맛이 어우러질 때까지 중불로 약 30분간 끓인다.

2. 작은 소스팬에 중불로 버터를 녹인다. 밀가루를 넣고 밀가루가 모두 섞일 때까지 1분가량 저어서 루를 만들고 좀 더 걸쭉해질 때까지 우유를 넣어가며 몇 분 더 젓는다. 완성된 루를 수프가 있는 냄비에 넣고 수프가 걸쭉해질 때까지 5분에서 10분가량 끓인다.

팁

좀 더 고급스러운 수프를 원한다면 베이컨을 바싹 익힌 다음 수프를 차려내기 직전에 고명으로 올려 보세요.

파로를 넣은 갈비찜

갈비찜은 스카이림 중심가에서 멀리 떨어진 마을이나 야영지에서 요리하는 원초적인 수프 중 하나입니다. 방랑하는 것을 가장 모험적이라고 여기는 스카이림에서는 모든 음식이 소중하기에 음식을 버리는 일이 거의 없습니다. 냄비 바닥에 굴러다니는 갈비의 정체가 좀 수상하긴 하지만 이 수프는 혹독하고도 기나긴 추위에서 살아남기 위한 영양분을 제공해 줍니다. 이 음식은 무릎에 화살을 맞았을 때 특히나 도움이 된다고 합니다.

난이도

준비 시간: 15 분   조리 시간: 적어도 2 시간
분량: 6 인분   곁들이면 좋은 것: 마늘빵 (77쪽)

- 갈비 900g
- 올리브유 1 큰술
- 포트와인 ¼ 컵
- 비프 스톡 5 컵
- 중간 크기 당근 1~2 개, 껍질을 벗기고 깍둑 썬다
- 중간 크기 파스닙 1~2 개, 껍질을 벗기고 깍둑 썬다
- 파 1 개, 흰 부분과 연한 초록 부분만 썰어서 준비
- 다진 마늘 2 쪽
- 파로(farro) 혹은 보리 ½ 컵
- 소금과 후추

1. 갈비를 소금과 후추로 입맛에 맞게 간을 한다. 중간 크기의 소스팬에 기름을 두른 후 중불로 갈비가 노릇노릇해질 때까지 익힌다. 포트와인을 붓고, 비프스톡을 넣는다. 끓기 시작하면 뚜껑으로 솥을 부분적으로 덮은 다음 1시간가량 끓인다. 이따금 떠오르는 불순물과 기름을 걷어낸다.

2. 당근, 파스닙, 대파, 마늘, 파로나 보리를 넣는다. 파로가 부드러워지고 고기가 뼈에서 분리될 때까지 1시간 이상 조리한다. 이 시점에서 원한다면 고기를 뼈에서 발라 작은 크기로 썰어 다시 솥 안으로 넣어도 된다.

3. 이 수프는 다음 날 모든 맛이 섞여 어우러질 때쯤 먹는 것이 가장 좋다. 밤새 냉장고에 넣어 두고 다음 날 다시 데우기 전에 위에 뜬 기름을 걷어낸다.

체더치즈 감자 수프

감자 수프는 스카이림의 전역에 있는 모든 농가와 소작농들의 주식입니다. 간단하지만 푸짐해서 모험을 하거나 가게를 운영하고 또는 들에서 일을 하는 등 힘든 노동을 앞둔 사람 누구에게나 하루를 더 잘 준비할 수 있도록 뼛속까지 온기를 제공할 겁니다.

난이도

준비 시간: 10 분 조리 시간: 30 분
분량: 4 인분 곁들이면 좋은 것: 마늘빵(77쪽)

무염버터 2 큰술

다진 양파 1 개,
  작은것으로 준비

중력분 2 큰술

닭육수 2 컵, 필요한 만큼 더
  준비

우유 ½ 컵

중간 크기 감자 3~4 개
  (약450g), 껍질을 벗기고
  깍뚝썬다

체더치즈 ½컵,
  잘게 조각내서 준비

스톰클록 양념(25쪽) 1 작은술

생크림 ½컵

선택사항: 베이컨, 바싹 익힌다,
  장식용

1. 중간 크기의 팬에 버터를 중불에 녹이고 양파를 넣는다. 양파가 부드러워지고 향이 올라올 때까지 몇 분 동안 볶는다. 밀가루를 넣고 충분히 섞이게끔 몇 분간 더 볶는다.

2. 닭 육수와 우유, 깍둑 썬 감자를 넣는다. 감자가 꽤 부드러워질 때까지 합친 재료들을 약 15분간 은근히 끓인다(시머링). 핸드블렌더 혹은 포테이토 매셔를 사용하여 수프를 균일한 질감으로 만든다. 체더치즈, 스톰클록 양념, 생크림을 넣어 원하는 점도를 만든다. 국자로 퍼서 접시에 차려낸다. 원한다면 베이컨 조각을 위에 얹어도 된다.

 팁

이 요리법은 1인분당 대략 하나의 감자와 적절한 양의 물과 치즈를 추가함으로써 쉽게 양을 늘릴 수 있습니다.

완두콩 수프

겨울의 차가운 추위를 물리치는 데에는 따뜻한 수프가 가장 좋습니다. 완두콩 수프는 신선한 야채를 구하기 힘든 한겨울에 인기 있는 음식인데, 잘 저장된 대파, 말린 완두콩, 그리고 베이컨과 같은 스카이림에서 인기 있는 몇 가지 재료를 포함하고 있습니다. 소박하지만 포만감을 주는 요리여서 먹고 나면 아주 든든할 겁니다.

난이도

불리는 시간: 하룻밤 준비 시간: 5분 조리 시간: 2시간 30분
분량: 푸짐한 4 인분 곁들이면 좋은 것: 치즈스콘(75쪽), 베이컨

- 말린 완두콩 2 컵
- 소고기육수 혹은 채소 육수 10컵
- 올리브유 1 큰술
- 중간 크기 당근 1 개, 껍질을 벗기고 깍둑 썬다
- 대파 1 개, 하얀부분만 썰어서 준비
- 베이컨 6~8 줄
- 건조 마조람 2 작은술
- 소금과 후추

1. 말린 완두콩에 물 6컵을 붓고 밤새 불린다.

2. 수프를 만들 준비가 되었다면, 완두콩을 물에서 건져 큰 솥에 육수와 함께 넣는다. 완두콩이 부드러워질 때까지 중불로 두어 약 90분 동안 천천히 끓인다.

3. 완두콩이 삶아지는 동안 중간 크기의 소테팬이나 냄비를 올린다. 올리브유를 두르고 당근과 대파를 넣어 부드러워질 때까지 재빨리 튀기듯 볶는다. 불에서 냄비를 제거하고 잠시 옆으로 치워 둔다.

4. 완두콩이 삶아지는 동안 큰 소테팬이나 냄비에 베이컨을 굽는다. 바삭할수록 좋다.

5. 완두콩이 다 삶아지면, 당근, 대파, 그리고 베이컨을 솥에 넣는다. 베이컨은 토핑으로 사용하기 위해 조금 남긴다. 소금과 후추로 간을 하고 그다음에 마조람을 넣는다. 가끔 저어주면서 육수가 더 필요하다면 추가해 가며 1시간가량 더 끓인다. 완두콩이 흐물흐물해지고 완전히 부드러워지면 완성이다.

야채 수프

평범한 야채 수프는 힘을 기르는 데 큰 도움을 주지 못한다고 불평불만을 하는 사람들이 있지만, 한번 맛본 뒤에는 그러진 못할 겁니다. 만병통치약은 아니지만(병을 고치려거든 성소로 가세요), 그에 꽤 가까운 요리이긴 합니다. 한 숟갈 뜰 때마다 그 지역 특산 채소의 맛과 향이 입안을 가득 채울 겁니다.

난이도

준비 시간: 15 분   조리 시간: 45 분
분량: 6~8 인분   곁들이면 좋은 것: 마늘빵(77쪽)

- 무염버터 2 큰술
- 다진 마늘 2 쪽
- 대파 2 개, 흰 부분과 연한 초록 부분만 썰어서 준비
- 큼직한 당근 3 개, 깍뚝썬다
- 땅콩 호박 2 컵, 껍질을 벗기고 잘게 썬다
- 소금 ½ 작은술
- 스톰클록양념(25쪽) ½ 작은술
- 토마토 통조림(약 793g) 1 개, 깍뚝썬다
- 통보리 ½ 컵
- 야채 육수 4 컵
- 물 2 컵
- 당근 줄기, 케일, 기타 녹색채소 1 컵, 잘게 썬다

1. 버터를 큰 팬에 중불로 녹여 준 후 마늘과 대파를 넣고 부드러워질 때까지 5~10분 정도 볶는다. 당근과 호박을 넣고 버터를 골고루 묻혀준 후 소금과 스톰클록 양념을 넣는다. 토마토와 통보리, 채소 육수와 물을 넣고 끓인다.

2. 약 45분간 서서히 끓여 주고 보리가 제대로 익었는지 확인한다. 만약 익지 않았다면 조금 더 끓인다. 불을 끄고 차려내기 직전에 잘게 썬 녹색 채소들을 넣고 섞어서 차려낸다.

팁

임페리얼식으로 하려면 큐민과 카레가루를 각각 ½ 작은술씩 넣어준다.

환상의 포타주

이 브레튼식 요리는 불후의 미식가가의 저서 '대단한 맛'에 등장하는 수많은 요리 중 하나입니다. 고급스러운 식감과 그에 반하는 기만적인 단순함이 완벽하게 짝을 이루고 있습니다. 구운 빵과 치즈와 기가 막히게 어울리는 푸짐한 수프를 한번 맛본 다면 그것의 인기를 의심할 순 없을 겁니다. 다만 너무 맛있어서 눈물이 절로 날지도 모르니 조심하세요....

난이도

준비 시간: 10 분   조리 시간: 20 분
분량: 적어도 4 인분   곁들이면 좋은 것: 구운빵, 톡 쏘는 치즈

- 무염버터 ¼컵
- 다진 양파 ½ 컵
- 다진 마늘 1~2 쪽
- 중간 크기 당근 1 컵, 껍질을 벗기고 깍둑 썬다
- 중력분 ½ 컵
- 닭육수 2 컵
- 소고기육수 2 컵
- 소금과 후추

1. 버터를 큰 팬에 중불로 녹여 준 후 양파와 마늘을 넣는다. 양파와 마늘이 부드러워지고 향이 올라올 때까지 약 3~5분간 볶는다. 깍둑썰기한 당근을 넣고 휘저어서 버터를 골고루 묻힌다.

2. 팬에 밀가루를 넣고 남은 덩어리가 없게끔 젓는다. 닭 육수와 소고기 육수를 넣고 당근이 부드러워질 때까지 15분 정도 끓인다. 육수를 추가해 원하는 점도를 맞춘 후 핸드 블렌더로 갈아 퓨레를 만든다. 소금과 후추로 취향껏 간을 한다.

팁

미식가가 언급했듯이, 풍미가 살아 있는 음식을 만들기 위해서는 탁월한 요리사의 영감이 필요하고 이를 가능하게 하는 마법이 있다면 그것은 취향에 따라 재료를 추가하는 것입니다. 당신에게 알맞은 조합을 찾을 때까지 채소와 향신료의 조합을 계속 구상해보세요.

메인 코스

노르딕 따개비 구이　107

화이트강 연어 구이　109

닭고기 경단　111

컴패니언 미트볼 구이　115

엘스웨어 퐁듀　117

축제 핸드파이　119

염소치기 파이　121

크와마알 키슈　125

오시머식 사슴 요리　127

노간주 램 찹　129

호커 구이　131

노르딕 따개비 구이

솔리튜드에서부터 윈드헬름에 사는 대부분의 노드들은 따개비와 굴을 따러 해안으로 나가곤 합니다. 그 딱딱한 껍질 속에는 맛있는 보물이 숨어 있기 때문입니다. 손질할 줄만 안다면 많은 사람들이 얻지 못해 안달하는 귀한 식재료를 얻을 수 있습니다.

난이도

재우는 시간: 20 분   조리 시간: 20 분
분량: 2 ~4 인분   곁들이면 좋은 것: 차가운 화이트 와인

주니퍼베리 2 작은술
화이트와인 1 컵
애플사이다식초 혹은
    화이트와인식초 한방울
가리비 450g
베이컨 2~3 줄
무염버터 6 큰술
다진마늘 2 쪽
메이플 시럽 2 큰술

1. 큰 믹싱볼에 주니퍼베리, 화이트와인, 식초를 섞어 양념장을 만든다. 가리비를 넣고 양념장을 골고루 묻힌다. 베이컨을 준비하는 동안 20분 정도 재운다.

2. 중간 크기의 소테팬이나 냄비를 중불에 올리고 베이컨이 바삭해질 때까지 굽는다. 베이컨을 키친타올에 옮겨 기름을 빼고 작은 믹싱볼에 넣고 잘게 부순다. 팬에 남은 기름은 따라낸다.

3. 가리비에 양념이 잘 배어들었으면 팬에 버터를 넣고 중불에 녹인다. 가리비를 양념장에서 빼내어 평평한 부분이 밑으로 오도록 간격을 두어 팬에 올린다. 양념장은 버리지 말고 보관해둔다. 가리비를 먹음직스러운 황갈색이 될 때까지 굽는다. 뒤집어서 다른 쪽도 똑같이 3분 정도 굽는다. 다른 접시에 옮겨 모든 가리비가 구워질 때까지 레스팅한다. 소스를 완성할 때까지 잠시 옆에 둔다.

4. 팬에 마늘을 넣고 황갈색으로 변하고 향긋해질 때까지 3분간 볶는다. 가리비를 재웠던 양념장에 메이플 시럽을 넣어서 걸쭉해질 때까지 약 3분에서 5분간 서서히 졸여주면서 소스를 만든다.

5. 잘게 부순 베이컨을 접시 위에 뿌리고 그 위에 가리비를 얹는다. 가리비 위에 소스를 뿌려 차려낸다.

화이트강 연어 구이

화이트강에는 매우 많은 연어들이 서식하는데, 연어는 인기 있는 식재료입니다. 연어를 잡는 방법은 다양한데, 화살이나 볼트로도 잡을 수 있지만, 파괴마법을 걸어서 단번에 많은 연어를 잡을 수도 있습니다. 단순히 약간의 허브로 생선을 굽는 것만으로도 맛있는 식사를 할 수 있지만, 귀족들은 종종 페이스트리 반죽에 싸서 구운 생선을 선호한다고 합니다.

난이도

준비 시간: 15 분 조리 시간: 25~30 분
분량: 4~6 인분 곁들이면 좋은 것: 마늘빵(77쪽), 밥

버터 3 큰술

대파 1 개, 깍뚝썬다

중간크기 당근 1~2, 깍뚝썬다

생크림 ¼ 컵

스톰클록 양념(25쪽)
  ½ 작은술, 후추를 조금 더
  넣어서 준비

강판에 갈아낸 파마산 치즈
  2~3 큰술

퍼프 페이스트리 1시트,
  해동한다

연어 필렛 450g

계란 1개, 풀어서 준비

1. 중간 크기의 팬에 중불로 버터를 녹이는 것으로 시작한다. 깍둑썰기한 대파와 당근을 팬에 넣고 대파와 당근이 부드러워지기 시작할 때까지 약 15분간 볶는다. 생크림을 붓고 스톰클록 양념과 후추를 ½ 정도 뿌린다. 생크림이 졸아들고 재료에 어느 정도 흡수될 때까지 1~2분가량 서서히 끓인다. 불을 끄고 치즈를 넣고 섞는다. 어느 정도 식을때까지 잠시 옆에 치워 둔다 .

2. 오븐을 190℃로 예열한 후 베이킹시트에 유산지를 깔아둔다.

3. 퍼프 페이스트리를 밀가루를 살짝 묻힌 작업대에 올리고, 롤러로 조금씩 연어 필렛 전체를 감쌀 수 있을 정도의 직사각형 크기로 반죽을 편다. 남은 스톰클록 양념과 후추를 페이스트리 반죽에 뿌린 후 그 위에 연어를 올린다. 조리된 채소를 생선 위에 균일하게 펼쳐 놓고 계란물로 반죽의 가장자리를 칠한다. 페이스트리의 긴 부분을 접어 채소와 생선 위로 덮는다. 달걀물을 칠한 가장자리를 맞물리게끔 손으로 꼬집어서 이음매를 만든다.

4. 연어를 조심스럽게 뒤집어 준비해 둔 베이킹 시트에 이음매 부분이 아래를 향하게 올린다. 반죽의 윗부분을 예리한 칼로 어느 정도 칼집을 내고 남은 계란물로 칠한다. 윗부분이 적당한 황갈색이 돌 때까지 25분에서 30분가량 굽는다. 썰어서 차려내기 전에 몇 분 동안 식힌다.

닭고기 경단

닭고기 경단은 스카이림 전 지역의 많은 여관들의 특식인데, 긴 여정에 지친 여행자들이 즐겨 먹지만 가정에서도 즐겨 먹는 음식입니다. 어디서 먹든지 간에 녹진한 내용물과 지역특산주 한 병이면 피로가 싹 가십니다.

난이도

준비 시간: 1 시간 굽는 시간: 30 분 분량: 4 개

곁들이면 좋은 것: 완두콩 수프 (99쪽), 도수가 높은 벌꿀술, 감자튀김

닭다리 6개 (순살일 경우 2컵)

버터 2 큰술

대파 1개, 흰 부분과 연한 초록 부분만, 반달모양으로 썰어서 준비

다진 마늘 1~2 개

중간크기 당근 1 개, 껍질 벗기고 깍둑 썬다

스톰클록 양념(25쪽) ½ 작은술

중력분 1 큰술

생크림 ¾ 컵

체더치즈 ¼ 컵, 잘게 조각내서

소금과 후추

호밀 파이 반죽(39쪽) 1 개

계란 1개, 저어서, 글레이징용

---

1. 오븐을 190°C로 예열한 후 닭다리를 베이킹 시트에 올린다. 30분간 구운 후 뒤집어 제대로 익힐 때까지 30분간 다시 굽는다.

2. 닭다리가 구워지는 동안 버터를 큰 냄비에 녹이고 대파를 넣는다. 대파가 부드럽고 갈색이 되기 직전까지 몇 분간 볶는다. 마늘, 당근, 스톰클록 양념을 넣고 당근이 약간 부드러워질 때까지 2분여 동안 더 조리한다. 섞인 재료 위로 밀가루를 뿌린 후 저어서 완전히 섞는다. 천천히 생크림을 부은 후 걸쭉해질 때까지 잘 젓는다. 열에서 팬을 제거하고 치즈를 섞어 넣고 소금과 후추로 간을 맞춘다.

3. 닭다리의 조리가 완료되면 뼈에서 살을 분리하여 잘게 찢는다. 이것을 당근과 생크림 믹스가 담긴 냄비에 넣어 잘 섞는다. 오븐의 온도를 175°C로 낮춘다.

4. 호밀파이 반죽을 약 0.3cm 두께로 밀어 대략적인 정사각형의 모양으로 만든다. 반죽을 4개의 정사각형으로 자르고, 모양을 유지하기 위해 필요하면 반죽을 조금 추가해도 좋다.

5. 한 번에 하나씩 만든다. 네모 반죽 하나를 유산지를 깐 깨끗한 베이킹시트에 올린다. 속재료를 4회분의 균일한 양으로 나누어 한 스쿱씩 정사각형 모양의 반죽 가장자리 1.3cm 정도를 제외하고 올린다.

113쪽에서 계속...

6. 아무것도 묻지 않은 가장자리를 물로 약간 적신 후 2개 귀퉁이를 가운데를 향해 접는다. 두 모서리를 꼬집어 주고 나머지 두 모서리도 똑같이 만든다. 네 귀퉁이를 한데 모아 붙여서 네모지게 편수를 만든다.

7. 경단에 계란물을 칠해 주고 맨 윗부분이 황금빛으로 변하기 시작할 때까지 약 30분간 굽는다. 살짝 식혀서 차려낸다.

> **팁**
>
> 먹다 남은 닭고기가 있다면 이 레시피의 첫 단계를 건너뛸 수 있습니다. 2 컵 정도가 필요합니다.

컴패니언 미트볼 구이

간단해 보이지만 전혀 간단하지 않은 이 요리는 화이트런의 컴패니언즈들이 좋아합니다. 언제나 동그란 이 미트볼의 모양은 그들이 서로를 차별하지 않고 동등하게 여긴다는 걸 상징합니다. 컴패니언즈는 함께 전투에 나서며 술잔을 맞대기도 하지만 제일 중요한 건 요르바스크의 전당에서 같이 연회를 즐긴다는 겁니다. 그들은 능숙한 사냥꾼이기도 한데, 그 말인즉슨 미트볼을 곰, 사슴, 멧돼지 혹은 당신이 잡은 동물의 신선한 고기로도 만들 수 있다는 말이기도 합니다.

난이도

준비 시간: 15 분   조리 시간: 30 분   분량: 4 인분
곁들이면 좋은 것: 시골 머스터드, 좋은 에일맥주

알감자 450g

식물성 기름 2 큰술

다진 소고기 혹은 돼지고기 450g

빵가루 ½ 컵

계란 1 개

사워 크림 1 큰술

다진 마늘 1 쪽

스톰클록 양념(25쪽) ¼ 작은술

끓는 물 1 컵

사워 크림 ¼ 컵

토마토 페이스트 2~3 큰술

1. 오븐을 230°C로 예열하고 감자에 기름을 충분히 바른다. 베이킹 시트에 감자를 놓고 어느 정도 부드러워졌지만, 완전히 익지는 않을 만큼 약 15분간 굽는다.

2. 감자가 익을 동안 고기와 빵가루, 계란, 사워크림, 마늘, 스톰클록 양념을 섞어 미트볼을 만든다. 잘 섞어서 감자만한 크기의 공 모양으로 빚는다. 감자가 다 익으면 오븐에서 꺼낸 후 온도를 175°C로 낮춘다.

3. 감자의 모양을 유지하며 1cm 두께의 둥근 모양으로 자른다. 자른 감자와 미트볼을 캐서롤 그릇이 가득 찰 때까지 담는다. 끓는 물, 사워크림, 토마토 페이스트를 작은 볼이나 계량컵에 섞어 소스를 만든 후 미트볼과 감자 위로 소스를 부어 그릇의 가장자리까지 채운다. 미트볼이 충분히 익을 때까지 25분에서 30분간 굽는다.

팁

이 레시피의 양은 4명의 용맹한 전사가 먹기에 충분하지만, 더 큰 모임을 위해서 쉽게 양을 늘릴 수 있습니다.

엘스웨어 퐁듀

카짓이 단 음식을 좋아한다고 알려져 있지만 이건 좀 더 풍미 있는 요리법 중 하나입니다. 법적으로 금지된 문슈거가 들어가 있지 않더라도 농후한 크림 같은 이 녹인 치즈 한 솥은 어떤 카짓이라도 거부할 수 없을 겁니다.

난이도

준비 시간: 10 분   분량: 충분한 4 인분
곁들이면 좋은 것: 식빵, 러스틱 브레드, 사과

마늘 2 쪽, 반으로 썬다
너무 달지 않은 화이트 와인
1 컵
옥수수 전분 2 작은술
강판에 갈아낸 그뤼에르 치즈
450g
넛맥 한 꼬집
찍어먹을 것들

1. 작은 소스팬의 한쪽면을 마늘로 문지른 후 반으로 썬 마늘 조각들을 팬에 넣는다. 작은 믹싱볼에 와인과 옥수수 전분을 넣고 잘 섞은 후 팬에 넣고 끓기 직전까지 중불로 가열한다.

2. 불에서 팬을 제거한 후 치즈를 다 녹아 섞일 때까지 조금씩 넣는다. 그 위에 넛맥 가루 한 꼬집을 뿌린다. 퐁듀에 찍어 먹을 수 있는 바삭한 빵, 사과, 말린 과일, 프레츨 등 달콤하거나 담백한 과자류와 함께 따뜻한 상태로 차려낸다. 필요하다면 식사 중에도 살짝 다시 데울 수 있다.

축제 핸드파이

이 맛있고 작은 파이는 돌아다니면서 쉽게 먹을 수 있어서 스카이림 전 지역의 축제나 다른 사교모임에서 먹는 평범한 간식입니다. 특히 솔리튜드에 위치한 바드대학의 불의 축제에서 가장 인기가 많습니다. 한번 맛보면 겉은 바삭하고 속은 촉촉한 파이에 반해 하나론 만족할 순 없을 겁니다. 지역의 또 다른 명물인 샌의 와인과 핸드파이를 함께 맛보는 걸 추천합니다.

난이도

준비 시간: 20 분   굽는 시간: 25 분   분량: 약 12 개
곁들이면 좋은 것: 샌의 와인(171쪽)

무염버터 1 큰술
다진 마늘 1 혹은 2쪽
스톰클록 양념(25쪽) ½ 작은술
다진 소고기 340g
사워 크림 ½ 컵
쌀밥 1 컵
체더치즈 ½ 컵, 잘게 조각내서
소금과 후추 취향껏
호밀 파이 반죽(39쪽) 1 회분
생크림, 발라서 색내는 용도

1. 버터를 중간 크기 소테팬이나 냄비에 중불로 녹인다. 마늘을 추가하여 황금빛에 향긋하게 될 때까지 몇 분간 조리한 후 스톰클록 양념과 고기를 넣는다. 고기가 갈색이 될 때까지 익혀 주고 온도를 낮춘 후 사워크림과 밥을 넣어 섞는다. 속재료가 골고루 섞이면 불에서 팬을 제거하고 체더치즈와 소금, 후추를 쳐서 간을 한다. 속재료를 10분가량 식게 놔둔다.

2. 오븐을 175°C로 예열하고 베이킹 시트에 유산지를 깐다. 밀가루를 약간 묻힌 표면에 호밀 파이반죽을 0.3cm보다 얇게 편다. 둥근 모양의 지름 12cm 틀을 이용해 짝수 개의 둥근 모양을 잘라내고 반은 준비된 베이킹 시트에 올린다. 남는 반죽이 없을 때까지 반복한다.

3. 테두리 조금을 남겨 두고 각 반죽의 중앙에 속재료를 얹는다. 그 위에 둥근 반죽 하나를 얹어 주고 테두리 경계를 눌러 붙인다. 그리고 포크로 눌러서 가장자리에 주름을 만든다. 원한다면 반죽을 추가하여 파이를 장식할 수 있다. 브러쉬를 이용해 생크림을 칠하고 맨 윗부분이 황금빛이 될 때까지 약 25분간 굽는다. 몇 분 동안 식혀서 차려낸다.

염소치기 파이

많은 사람들은 스카이림에서 길러지는 주요 가축을 암소로 알고 있지만 사실 염소가 바위가 많은 산비탈과 스카이림의 추운 지역에서 먹이를 찾는데 더 적합합니다. 그들은 검치호나 동굴곰을 피할 수 있는 강인한 발목을 가졌지만 유순한 성격도 가지고 있어서 농장에서 기르기에 이상적입니다. 그리고 그들의 치즈와 고기도 맛있습니다.

난이도

준비 시간: 35 분   조리 시간: 30 분   분량: 파이 1 개(4~6인분)
곁들이면 좋은 것: 흑맥주

속재료:

야채 믹스(완두콩, 당근 등) 2컵

올리브유 1 큰술

대파 1 개, 하얀부분만
　슬라이스해서 준비

다진 마늘 2 쪽

양고기, 염소고기 혹은 소고기
　680g

토마토페이스트 2 큰술

중력분 2 큰술

소고기 육수 ½ 컵

소금과 후추

토핑:

감자 2 개, 껍질을 벗기고
　깍둑썰어서

무염 버터 3 큰술

생크림 ½ 컵

계란 1 개

소금과 후추

팁

훌륭한 셰퍼드 파이의 비결은 파이의 모든 부분을 따로 준비한 다음 파이가 오븐에 들어가기 직전에 그것들을 한데 모으는 겁니다. 이건 한 번에 세 개의 냄비를 다뤄야 하는데 충분히 시도할 만한 가치가 있습니다.

1. **속재료를 만드는 법:** 오븐을 205°C로 예열하고 작은 냄비에 물을 끓인다.

2. 야채 믹스를 넣고 부드러워질 때까지 몇 분간 삶는다. 뿌리채소의 경우 콩보다 조리하는 데 더 많은 시간이 걸린다. 야채가 조금 부드러워지면 더는 익지 않도록 차가운 물로 헹군다. 삶은 야채를 캐서롤 그릇으로 옮겨 담고 옆에 잠시 놔둔다.

3. **토핑을 만드는 법:** 큰 냄비에 물을 끓여 감자가 부드러워질 때까지 크기에 따라 10~15분간 조리한다. 물기를 제거하고 으깬 후 토핑을 위해 나머지 재료를 넣고 소금과 후추로 간을 맞춘다.

4. 야채와 감자가 삶기는 동안 큰 소테팬이나 냄비에 올리브유를 넣고

123 페이지에서 계속...

중불에 올린다. 대파와 마늘을 넣고 몇 분간 부드럽고 향긋해지고 막 갈색으로 변할 때까지 조리한다. 이것을 야채가 담긴 캐서롤 그릇에 넣어 잘 섞이도록 뒤적여 섞는다.

5. 대파와 마늘을 조리한 같은 팬에 간 고기를 넣고 중간불로 갈색이 될 때까지 익혀 주며 골고루 익을 수 있도록 젓는다. 고기가 갈색이 되면 토마토 페이스트를 함께 넣어 젓는다. 밀가루를 뿌려가며 걸쭉해질 때까지 계속 젓는다. 육수를 추가하여 몇 분 더 조리한다. 소금과 후추로 간을 맞춘다.

6. 조리된 고기를 캐서롤 그릇에 담긴 야채 위에 쌓는다. 위에는 으깬 감자를 펴 발라 장식한다. 감자의 윗부분이 갈색이 되기 시작할 때까지 30분 정도 오븐에 굽는다.

크와마알 키슈

본래 바덴펠 내에서만 알려진 이 레시피는 레드마운틴의 분화 이후 피난해 온 던머 난민으로부터 전수받았습니다. 지역에 따라 재료가 많이 달라지긴 했지만 탐리엘의 많은 지역에서 좋은 반응을 얻고 있습니다. 담백한 내용물과 바삭한 크러스트는 아무리 입 짧은 사람이라도 만족시킬 수 있습니다.

난이도

준비 시간: 15분   조리 시간: 1시간   분량: 키슈 1개(8인분)
곁들이면 좋은 것: 잉글리시 블랙퍼스트, 진하게 내린 차나 커피

- 호밀 파이 반죽(39쪽) 1 회분
- 가염버터 1 큰술
- 다진 마늘 1~2 개
- 중간 크기 토마토 2 개, 1 개씩 따로 준비
- 중간 크기 크와마알 1개 혹은 계란 4 개
- 우유 ½ 컵
- 체더치즈 1 컵, 잘게 조각낸다
- 강판에 갈아낸 파마산 치즈 ½ 컵
- 소금 ½ 작은술

1. 오븐을 175℃로 예열한다. 호밀파이 반죽을 0.3cm 두께로 밀어 타르트나 파이 팬에 펼친다. 반죽을 조심스럽게 눌러 팬에 밀착해 주고 튀어나오는 부분은 잘라낸다. 반죽이 부풀어 오르지 않도록 바닥 부분을 포크로 여러 번 찔러 구멍을 낸다.

2. 버터를 중간 크기의 소테팬이나 냄비에 중불로 녹인다. 마늘을 넣고 연한 갈색을 띨 때까지 몇 분간 익힌다. 토마토 하나를 썰어 팬에 넣고 부드럽지만 으깨지지 않을 정도가 될 때까지 다시 몇 분간 볶는다. 불에서 팬을 제거하고 옆에 놓아둔다.

3. 큰 믹싱볼에 계란, 우유, 체더치즈, 파마산치즈, 소금을 함께 넣고 섞는다. 이 속재료를 반죽 안에 부어 넣고 남은 토마토를 잘라 속재료 위에 균일하게 올린다. 계란이 황금색으로 잘 익고 토마토를 둘러싼 속재료가 부풀러 오를 때까지 한 시간 정도 굽는다. 썰어서 10분간 식혀서 차려낸다.

오시머식 사슴 요리

오시머들은 유대관계가 긴밀한 부족 사회를 가진 종족이어서 여러 사람이 모여 중앙에 큰 접시를 두고 음식을 각자 나눠 먹는 식의 만찬을 즐기곤 합니다. 이 요리는 그런 요리들 중 대표적인 것입니다. 특히 이 요리에는 여기저기 흩어져 있는 그들의 스트롱홀드 주변에서 잡은 사슴의 고기가 주재료로 쓰입니다.

난이도

준비 시간: 5 분 조리 시간: 10 분 분량: 넉넉한 2 인분
곁들이면 좋은 것: 필라프, 따뜻한 사과주 (169쪽)

- 올리브유 2 큰술, 1 큰술씩 따로 준비
- 사슴고기 450g, 한입크기로 자른다
- 옥수수전분 혹은 중력분 2큰술
- 소금 1 작은술, 조금 더 준비
- 후추 1 작은술, 조금 더 준비
- 다진 마늘 1~2 쪽
- 강판에 갈아낸 생강 2 작은술
- 간장 ¼ 컵
- 비정제설탕 ¼컵
- 물 한 방울
- 큐민 한 꼬집
- 레드페퍼플레이크 한 꼬집

1. 큰 소테팬이나 냄비에 기름 1큰술을 붓고 중불에 올린다. 중간 크기의 볼에 사슴고기, 옥수수 전분, 소금, 후추를 넣고 섞는다. 기름이 달궈지면 사슴고기를 팬에 넣고 익을 때까지 가끔 뒤집어 가며 약 5분간 조리한다. 고기를 팬에서 꺼내고 잠시 옆에 둔다.

2. 남은 기름 1큰술을 팬에 두른 후 마늘과 생강을 넣고 갈색을 띨 때까지 1분가량 볶으면서 간장, 황설탕, 물, 큐민, 고추가루를 넣어 소스를 만든다. 소스가 조금 걸쭉해질 때까지 몇 분간 놔두고 사슴고기를 다시 팬으로 넣는다. 살살 저어가며 소스가 고기에 골고루 묻을 수 있도록 1분가량 더 조리한다. 소금과 후추로 취향에 맞게 간을 하고 필라프 위에 얹어 차려낸다.

노간주 램 찹

노간주나무는 스카이림의 남서부에서 가장 잘 자라는데 자극적인 맛이 있어서 탐리엘 전 지역에서 애용합니다. 양고기는 탐리엘 전역에서 쉽게 구할 수 있기 때문에 램 찹 또한 쉽게 만들 수 있습니다. 사과 몇 개면 쉽게 양을 여러분이 있는 곳으로 유인할 수 있습니다.

난이도

재우는 시간: 적어도 2 시간   조리 시간: 15 분   분량: 2~4 인분
곁들이면 좋은 것: 두 번 구운 감자(53쪽)

양갈비 4 개, 2cm두께
소금 2 작은술, 취향에 맞게 조금 더 준비
다진마늘 1 쪽
주니퍼베리 1 큰술, 으깨서 준비
흑맥주 1 컵, 스타우트나 포터
소고기 육수 2 컵
월계수잎 1 개
정향가루 1 꼬집
벌꿀 ¼ 컵
무염버터 1 큰술
후추

1. 버터를 제외한 모든 재료를 지퍼백이나 뚜껑이 있는 유리 용기에 넣어 섞은 후 냉장고에 최소 두 시간가량 재워 둔다.

2. 준비가 되면 양고기를 지퍼백이나 용기에서 꺼내고 남은 양념장은 보관한다. 버터를 중간 크기의 소테팬이나 냄비에 중불로 녹인다. 양고기를 소금과 후추로 간한 다음 5~10분 동안 가끔 뒤집어 주며 원하는 굽기가 될 때까지 익힌다. 다른 용기로 옮겨 담아 따뜻하게 유지한다.

3. 고기를 재우고 남은 양념을 팬에 넣고 중불에서 약 10분 동안 또는 걸쭉해질 때까지 졸여서 소스를 만든다. 양갈비를 접시에 담고 소스를 위에 부어서 차려낸다.

호커 구이

모든 사람이 호커 고기를 좋아하지는 않지만 해안 지역의 가정에서는 즐겨 먹습니다. 빵 한 조각에 구운 엄니 모양 마늘과 함께 얹어 먹으면 정말 맛있는데 입 짧은 아이들도 받자마자 다 먹고 또 달라고 할 정도입니다.

난이도

준비 시간: 10분   조리 시간: 40분   분량: 1 덩이(4~6인분)

곁들이면 좋은 것: 두 번 구운 감자 (53쪽), 문슈거 당근 맛탕 (43쪽), 임페리얼 버섯 소스(37쪽)

- 임페리얼 버섯 소스 (37쪽)
- 훈제굴 1캔 (약 106g)
- 통마늘 5 쪽
- 커다란 당근 1 개, 껍질을 벗기고 잘게 다져서
- 다진 소고기 680g
- 빵가루 ½ 컵
- 생크림 1/3 컵
- 계란 1 개
- 스톰클록 양념(25쪽) 1 작은술
- 소금 1 작은술
- 후추 1 작은술
- 베이컨 5 줄

1. 오븐을 220°C로 예열하고 베이킹시트의 위에 유산지를 깐다.

2. 마늘은 2쪽만 다져서 굴, 당근과 함께 큰 덩어리가 없어질 때까지 푸드 프로세서에 넣고 여러 번 간다. 큰 그릇에 이렇게 만들어진 혼합물을 소고기, 빵가루, 생크림, 계란, 스톰클록 양념, 소금, 후추와 함께 섞는다. 완전히 섞은 다음 준비된 베이킹 시트의 위에 올리고 10cm 이하의 약간 길쭉한 돔 모양으로 만든다.

3. 남은 3쪽의 마늘을 고깃덩이의 윗부분에 부드럽게 눌러서 꽂는다. 베이컨을 마늘 바로 옆에 각각 2개씩 덮는다. 마늘이 타지 않도록 마지막 베이컨 한 가닥을 마늘 위에 올린다.

4. 오븐에 40분 동안 굽는다. 마늘 위에 얹었던 베이컨을 벗기고 마늘 엄니를 보이게 해서 차려낸다.

Valenwood

- Arenthia
- Falinesti
- Silvenar
- Greenheart
- Southpoint
- Elden Root
- Haven

Elsweyr

- Dune
- Riverhold
- Orcrest
- Corinthe
- Jenmar forest
- Torval

Thearth

N

디저트

벌꿀 호두과자	135
자작나무 쿠키	137
벌집모양 설탕과자	139
기다란 설탕과자	141
벌꿀 푸딩	143
건포도 귀리 쇼트브레드	145
쉐오고라스의 딸기타르트	147
사과 코블러	149
인동딸기 크로스타타	151
크림 과자	153
뿌리채소 케이크	155
스위트롤	157

벌꿀 호두과자

벌꿀 호두과자는 스카이림에서 즐겨 먹는 과자 중 하나입니다.
탐리엘의 각 지방에서 나온 다양하고 맛있는 재료로 만든 이 과자는
집 안의 화로에서 쉽고 빠르게 만들 수 있습니다.

난이도

준비 시간: 15 분   분량: 꼬치 3개 (약 9개)
곁들이면 좋은 것: 모험을 떠나기 전에 먹는 든든한 아침식사, 나들이

씨를 제거한 대추야자, 1 컵

골든 건포도 ½ 컵

아몬드 슬라이스 1 컵

오트밀 1 컵

꿀 ¼ 컵

땅콩버터 ¼ 컵, 크런치 혹은
    스무스 중 1택

소금 1 꼬집

시나몬 가루 1 꼬집

1. 대추야자와 건포도를 푸드프로세서에 갈아 큰 조각이 남지 않게 만든다. 아몬드와 오트밀을 더해 같이 몇 번 더 간다. 푸드프로세서가 없으면 건과일을 직접 썰어도 된다.

2. 큰 믹싱볼에 꿀과 땅콩버터를 전자레인지 혹은 더블 브로일러에 넣고 약간 흐를 정도가 될 때까지 익힌다. 과일과 견과류 혼합물, 소금과 시나몬을 반죽에 넣고 꾸덕해질 때까지 섞는다. 반죽에서 작은 양을 떠내어 손으로 누른 후 공 모양으로 굴려 준 다음 깨끗한 접시에 올린다. 모든 재료가 사용될 때까지 반복한다. 반죽들을 꼬치에 끼운다.

3. 여기선 밖에 나가서 나뭇가지를 꺾을 시간이 없어서 일반적인 꼬치를 사용했지만 꼬치의 표면이 더 거칠 경우 볼이 더 잘 달라붙는다고 알고 있습니다. 그래도 볼이 꼬치에서 빠진다면 빠지기 전에 재빨리 먹거나 반죽에 오트밀을 넣으면 된다.

팁

이 요리법에서 견과류나 견과류 버터는 좋아하는 걸로 마음대로 대체할 수 있습니다. 그러면 그만큼 더 맛있을 것입니다.

자작나무 쿠키

자작나무는 추위에 강해서 스카이림의 기후에도 살아남았습니다. 자작나무 쿠키는 벽난로에서 타오르는 자작나무 통나무의 모습을 본떠 만들었는데, 주민들을 따뜻하고 아늑하게 만들어 주는 아낌없이 주는 나무들의 진취적인 정신을 기린다는 의미를 담고 있습니다.

난이도

준비 시간: 30 분 휴지 시간: 1 시간 굽는 시간: 12 분 분량: 약 18 개
곁들이면 좋은 것: 달콤한 에그노그 (179쪽)

반죽:

설탕 ¾ 컵

무염버터 ¾ 컵

바닐라 익스트랙 2 작은술

계란 1 개

소금 한 꼬집

넛맥가루 1 작은술

중력분 2½ 컵

아이싱:

버터 3 큰술, 부드럽게 해서 준비

슈가 파우더 1½ 컵

바닐라 익스트랙 ½ 작은술

럼 1 방울 (⅛ 작은술)

생크림 4~6 작은술

넛맥가루, 더스팅용

쿠키 반죽 만들기:

1. 중간 크기의 그릇에 설탕과 버터를 넣고 크리밍한 후 바닐라, 계란, 소금, 넛맥을 넣고 젓는다. 반죽의 농도를 살펴봐가며 밀가루를 넣는다. 이때 너무 끈적거리지 않아야 하며 그렇다고 부스러지거나 건조하지도 않아야 한다. 반죽을 납작한 원반모양으로 만들어서 랩으로 감싼 후 냉장고에서 한 시간 정도 휴지시킨다.

2. 구울 준비가 되었다면 오븐을 175℃로 예열하고 베이킹 시트에 유산지를 깐다. 한 번에 반죽의 절반을 사용하여 약 2.5cm 이하의 두께로 길게 민다. 개당 약 7~10cm 조각으로 자르고 준비된 오븐 팬에 놓는다. 통나무 모양에 작은 나뭇가지를 추가하려면 남은 반죽을 사용하여 만든다. 모양이 약간 이상해 보여도 아이싱으로 멋지게 커버할 수 있으니 걱정하지 않아도 된다. 남은 반죽으로 이 과정을 반복한다.

3. 쿠키의 반죽이 굳고 가장자리가 황금빛으로 변할 때까지 약 12분간 굽는다. 굽기가 완료되면 식힘망으로 옮긴다.

아이싱 만들기:

4. 쿠키가 구워질 동안 버터와 슈가파우더, 바닐라, 럼, 그리고 생크림을 넣고 섞어주며 묵직한 느낌의 아이싱을 만든다. 쿠키가 완전히 식으면 아이싱을 펴바르고 숟가락이나 손가락으로 부드럽게 편다. 포크를 사용하여 나무껍질 같은 느낌을 주고 약간의 넛맥을 흩뿌려 장식한다.

벌집모양 설탕과자

벌통에서 갓 나온 벌집은 아이 어른 할 것 없이 누구에게나 진귀한 음식인데, 이 맛있는 과자에 바로 그 이름을 붙여 줬습니다. 가벼우면서도 바삭바삭한 구운 벌꿀맛이 나는 이 과자는 그 어떤 식사에서도 인기 있는 디저트가 될 게 분명합니다.

난이도

준비 시간: 5 분 조리 시간: 15 분 분량: 여러 개
곁들이면 좋은 것: 아이스크림, 초콜릿 케이크, 뜨거운 차

가염버터 1큰술

베이킹 소다 1 큰술

설탕 1 컵

벌꿀 1 컵

에플사이다식초 1 방울

1. 베이킹 시트에 실리콘 패드를 깔거나 유산지를 깔고 버터를 바른다. 버터와 베이킹소다를 계량한 후에 쉽게 닿을 수 있는 곳에 놓아둔다. 조리용 온도계가 있다면 이 레시피에서는 온도계를 사용하는 것을 권고한다. 뜨거운 설탕과 신중한 타이밍이 중요하므로 레시피의 남은 부분을 잘 따라야 한다.

2. 큰 소스팬에 설탕, 꿀, 물, 그리고 사과식초를 넣고 젓는다. 150°C가 될 때까지 중간불에서 가열한다. 불을 끄고 버터를 넣고 재빠르게 젓는다. 그다음 베이킹소다를 넣어주는데, 베이킹소다는 혼합물을 팽창하게 하므로 주의하여야 한다. 약 15초 동안 완전히 저어 소다 덩어리가 남아 있지 않은지 확인한 다음 준비된 베이킹 시트에 혼합물을 빠르고 조심스럽게 쏟아붓는다.

3. 베이킹 시트 위에서 그대로 설탕과자를 완전히 식힌 후 먹기 좋은 크기로 조각낸다.

기다란 설탕과자

최근까지 이 과자의 레시피는 너무 철저히 보호되어 왔기 때문에 집에서 만들기 어려웠고, 불법적인 방법으로만 레시피를 얻어서 만들 수 있었습니다. 그런데 다행스럽게도 멍청한 화이트런 경비병이 비법을 유출했고, 그게 널리 퍼져서 이제는 누구나 만들 수 있게 되었습니다.

난이도

조리 시간: 45 분   분량: 여러 개   곁들이면 좋은 것: 과일향 차

끓는 물 ⅔ 컵

허브차 1 티백

설탕 1 컵

벌꿀 ¾ 컵

소금 ½ 작은술

무염버터 2 큰술, 상온에 두어 부드럽게 준비, 설탕과자 반죽을 위해 좀 더 준비

1. 베이킹 시트에 실리콘 패드를 깔거나, 유산지를 깔고 버터로 두껍게 코팅한다.

2. 허브차 티백을 끓는 물에 몇 분 동안 담가 진하게 우려낸다. 티백을 제거하고 설탕, 꿀, 소금과 함께 중간 크기의 냄비에 차를 부어 넣는다. 중불에서 강불 사이로 약 125℃가 될 때까지 가열한다. 열기를 완전히 식힌 후에 버터를 넣고 빠르게 저어주고 준비된 오븐 팬에 붓는다.

3. 버터나이프나 주걱을 이용해서 손으로 만질 수 있을 정도로 설탕 과자 반죽이 식을 때까지 젓는다. 손으로 설탕과자 반죽을 늘려주고, 한 번 늘릴 때마다 반 바퀴씩 돌려주며 두 배로 늘린다. 이 과정은 시간이 걸리기 때문에 인내심이 필요하다.

4. 설탕과자가 불투명하게 되면 굳기 시작하는 거기 때문에 다루기가 더 어려워진다. 이 시점에서 폭이 약 1.3cm를 넘지 않는 얇은 밧줄 모양으로 꼬아 늘려준 후 원하는 길이로 자른다. 남은 것은 밀폐 용기에 보관한다.

팁

인동딸기맛의 설탕과자는 스카이림에서 가장 인기가 많습니다. 설탕과자에 맛을 더하기 위해 아무런 차나 과일을 사용할 수 있지만, 베리류 과일을 넣는 게 특히 맛있고 정통적인 분홍색을 낼 수 있습니다. 당신이 가장 좋아하는 맛을 찾기 위한 실험을 해보세요.

벌꿀 푸딩

카짓의 보편적인 요리인 벌꿀 푸딩은 문슈거 없이도 만들 수 있을 정도로 진화했는데,
꿀에서 나는 자연적인 단맛을 이용했습니다. 어떤 꽃에서 채취한 꿀로 만들었는지에
따라서 맛이 약간씩 달라진다고 합니다.

난이도

준비 시간: 10 분   조리 시간: 10 분   식히는 시간: 1 시간   분량: 4 인분
곁들이면 좋은 것: 카니스뿌리차 (181쪽)

- 우유 2 컵
- 바닐라빈 1 개 혹은
  바닐라익스트랙 1 작은술
- 벌꿀 ½ 컵
- 생크림 혹은 휘핑크림 1 컵
- 옥수수전분 3 큰술
- 계란 노른자 3 개
- 소금 한꼬집

1. 중간 크기의 냄비에 우유를 붓고 중불에 올린다. 바닐라빈을 사용하는 경우, 날카로운 칼로 바닐라빈을 가르고 안에 있는 씨를 긁어낸다. 씨와 꼬투리를 우유에 넣고 끓인다. 바닐라 익스트랙을 사용하는 경우에는 우유에 간단하게 익스트랙을 첨가한다. 꿀을 넣고 바닐라 향이 우유에 잘 녹아들도록 몇 분 동안 젓는다.

2. 중간 크기의 그릇에 생크림 또는 휘핑크림, 옥수수 전분, 계란 노른자, 소금을 넣고 휘젓는다. 휘젓는 동안 뜨거운 우유를 그릇에 부어 혼합물을 골고루 섞이게 한 다음 냄비에 다시 부어 넣는다. 혼합물이 걸쭉해질 때까지 약 5분 동안 약불로 끓인다. 불을 끄고, 깨끗한 그릇에 체로 한 번 걸러준 후, 뚜껑을 덮는다. 냉장고에 넣고 1시간 가량 굳힌다.

건포도 귀리 쇼트브레드

때로는 가장 간단한 요리법이 가장 좋은 맛을 내기도 합니다. 스카이림 내의 지역별로 약간씩의 차이는 있지만, 이 특별한 요리법은 윈터홀드 외곽에 있는 작은 어부의 집에서 유래되었습니다. 달콤하고 버터가 많이 들어가는 작고 차가운 쇼트브레드는 아침 혹은 오후에 차와 함께 곁들여서 먹으면 기운을 차리는 데 좋습니다. 이 빵은 둥글거나 사각형 또는 삼각형의 모양 등 모험을 즐기려는 당신이 원하는 어떤 모양으로도 만들 수 있습니다. 곰이나, 얼음 망령 또는 알두인 모양같이 말이죠.

난이도

준비 시간: 10 분   굽는 시간: 15 분
분량: 약 12 개   곁들이면 좋은 것: 신선한 차가운 우유, 카니스뿌리차 (181쪽)

쿠키:
- 무염버터 ½ 컵, 부드럽게 해서 준비
- 백설탕(그래뉴당) ½ 컵
- 노드 양념(23쪽) ½ 작은술
- 오트밀 ½ 컵
- 건포도 ½ 컵
- 중력분 1 컵

아이싱:
- 슈가 파우더 ¼ 컵
- 생크림 1 큰술
- 메이플 시럽 혹은 꿀, 필요한 만큼 준비

쿠키 만들기:

1. 큰 볼에 버터와 설탕을 넣고 저어서 크리밍 한 다음 노드 양념, 오트밀 및 건포도를 넣는다. 밀가루를 넣어가며 반죽이 너무 부스러지지 않을 정도로 섞는다. 0.6cm 정도의 두께로 밀어서 펴준 후, 원하는 모양으로 잘라낸다. 잘라낸 반죽을 유산지가 깔린 오븐 팬에 놓고 약 30분 동안 냉장고에서 휴지시킨다.

2. 175°C로 오븐이 예열되는 동안, 냉장고에서 반죽을 꺼내 상온에 두어 냉기를 뺀다. 쇼트브레드의 가장자리가 황금빛이 될 때까지 약 10분 동안 굽는다.

아이싱 만들기:

3. 완성된 쇼트브레드의 완전히 식을 동안, 슈가파우더와 생크림을 작은 그릇에 넣고 섞는다. 메이플 시럽이나 꿀을 넣어주면서 아이싱이 숟가락의 뒷면에 묻혀봤을 때 코팅이 되며 약간 흘러내리는 농도인지 확인한다. 쇼트브레드 위에 아이싱을 뿌리고 완전히 굳을 때까지 기다린다.

쉐오고라스의 딸기타르트

과일 타르트에 와인을 넣는다고? 그건 광기에 물들었거나 천재거나 둘 중 하나일 겁니다. 아니면 둘 다일 수도 있습니다. 왜냐하면 둘은 종이 한 장 차이이기 때문입니다. 하지만 뭐가 되었든 간에 이 여름 디저트를 기다리는 이웃들의 줄은 날이 가면 갈수록 더 늘어날 겁니다.

난이도

준비 시간: 20 분　굽는 시간: 20 분　분량: 타르트 1 개(8인분)
곁들이면 좋은 것: 가상 현실로의 나들이, 휘핑크림

달콤한 크로스타타 반죽(39쪽) 1 개
딸기 950g
백설탕(그래뉴당) ¼ 컵
포트와인 ¼ 컵
신선한 타임 몇줄기
마스카포네 치즈 226g
슈가파우더 ¼ 컵
생크림 2 큰술

1. 오븐을 약 190°C로 예열한다. 달콤한 크로스타타 반죽을 0.6cm 두께 (혹은 조금 더 얇게)로 밀어서 펴주고, 지름이 약 20~22cm인 타르트 팬에 반죽을 깐다. 가장자리를 눌러서 삐져나오는 반죽을 잘라낸다. 타르트의 바닥을 포크로 여러 번 찍어주고 타르트가 부풀어 오르지 않도록 누름돌이나 말린 콩을 채워서 약 15~20분 동안 굽는다. 타르트지를 오븐에서 꺼낸 후, 열기를 식힌다.

2. 타르트지가 구워지는 동안, 딸기의 꼭지를 자르고 얇게 썬다. 작은 그릇에 자른 딸기와 굵은 설탕을 넣어 과즙이 나올 때까지 약 15분 동안 절인다. 딸기절임이 완성되면 딸기는 한편에 옮겨 두고 과즙은 작은 소스팬에 옮겨 담는다.

3. 소스팬에 딸기즙과 포트와인, 타임을 넣어주고 절반 정도의 양이 될 때까지 중불로 졸여 준 후, 식힌다.

4. 중간 크기의 그릇에 마스카포네 치즈, 슈가파우더, 생크림을 넣고 분리되지 않을 때까지 젓는다.

5. 타르트지가 완전히 식었을 때, 마스카포네 믹스를 골고루 바른다. 딸기를 위에 올려 주고, 딸기 포트와인 글레이즈를 뿌려서 먹는다.

사과 코블러

스카이림의 과수원에 있는 울퉁불퉁하고 꼬아진 나무에선 매년 엄청나게 많은 사과가 달립니다. 사과는 그냥 생으로 먹거나 다양한 후식이나 음료로 활용하기 위해 판매도 하고 저장하기도 합니다. 사과는 건강에 매우 좋은 간식입니다.

난이도

준비 시간: 15 분   조리 시간: 40 분   분량: 6~8 인분
곁들이면 좋은 것: 바닐라 아이스크림, 커스터드 소스 (29쪽)

속재료:
- 비정제설탕 ¾ 컵
- 옥수수 전분 2 큰술
- 노드 양념(23쪽) 2 작은술
- 허니크리스피 사과 5 개 혹은 6 개, 중간 사이즈, 씨를 제거하고 껍질을 벗겨서 웨지 모양으로 잘라서 준비

토핑:
- 중력분 1½ 컵
- 오트밀 1 컵
- 백설탕(그래뉴당) ½ 컵
- 베이킹 파우더 1 큰술
- 소금 1 작은술
- 무염버터 5 큰술
- 버터밀크 1 컵

속재료 만들기:

1. 오븐을 약 190°C로 예열한다. 작은 믹싱볼에 황설탕, 옥수수 전분, 노드 양념을 섞는다. 얇게 썬 사과를 약 22cm×33cm 정도 크기의 오븐용 그릇에 넣은 다음, 사과와 설탕 혼합물을 버무린다. 토핑을 만드는 동안 따로 보관한다.

코블러 만들기:

2. 밀가루, 오트밀, 설탕, 베이킹파우더, 소금을 중간 크기의 믹싱볼에 넣는다. 그 다음 버터를 넣고 섞어 주는데, 이때 버터가 완전히 녹지 않고 빵가루 같은 상태가 될 때까지 섞는다. 버터밀크를 조금씩 넣어 뭉친 부분이 없는 반죽이 나올 때까지 섞는다. 큰 숟가락을 사용하여 사과 위에 코블러 반죽을 떨어뜨린다.

3. 윗부분이 황금빛으로 변하고 반죽이 익은 것처럼 보일 때까지 35~40분 정도 굽는다. 완성된 코블러를 차려내기 전에 약 10분 정도 식힌다.

인동딸기 크로스타타

투박하지만 맛있는 인동딸기 딸기타르트는 부엌의 난로에서 흔히 만들어지지만, 몇몇 여관에서 팔기도 합니다. 이 조리법으로 만든 크로스타타는 함께 모험을 떠나는 동료와 나눠 먹을 때 특히 완벽합니다.

난이도

준비 시간: 15 분   굽는 시간: 40 분   분량: 8~10 인분
곁들이면 좋은 것: 샌의 와인 (171쪽), 여러가지 치즈와 견과류

- 달콤한 크로스타타 반죽 (39쪽) 1 회분
- 백설탕(그래뉴당) 1 컵
- 계란 2 개
- 노드 양념(23쪽) 1 작은술
- 무염버터 ½ 컵, 녹여서 준비
- 아몬드 익스트랙 1~2 작은술
- 중력분 1 컵
- 신선한 크랜베리 340g
- 아몬드 슬라이스 ½ 컵
- 계란 1 개, 풀어서, 글레이징용
- 슈가 파우더 1 큰술, 더스팅용

1. 오븐을 160°C로 예열하고 큰 베이킹 시트에 유산지를 깐다. 달콤한 크로스타타 반죽을 대략 0.3cm 두께의 둥근 모양으로 펴서 유산지가 깔린 베이킹 시트 위에 놓는다. 여분의 반죽을 가장자리에 걸치고 밑바닥을 포크로 찔러 반죽이 너무 많이 부푸는 것을 막는다. 랩으로 덮고 속재료를 만드는 동안 냉장고에 넣어 휴지시킨다.

2. 중간 크기의 그릇에 굵은 설탕, 계란, 노드 양념, 녹인 버터, 아몬드 익스트랙을 넣는다. 걸쭉한 반죽이 될 때까지 밀가루를 넣고 섞는다.

3. 냉장고에서 달콤한 크로스타타 반죽을 꺼내 크랜베리의 절반을 붓는다. 골고루 펴 바르되 반죽 가장자리 주위에 약간의 공간을 남겨 둔다. 크랜베리 위에 2번 반죽을 붓는다. 남은 크랜베리를 2번 반죽 위에 올리고 부드럽게 누른다.

4. 크로스타타 반죽의 가장자리를 안쪽으로 접고 크랜베리가 안에 들어있도록 한다. 계란물을 반죽 위에 바른다. 약 40분 동안 굽거나, 이쑤시개로 크로스타타 가운데를 찔러서 묻어나오는 것이 없을 때까지 굽는다. 10분 정도 식힌 후 슈가파우더를 뿌린다.

크림 과자

스위트롤처럼 상징적이지만 아직까지 그만큼 자주 도둑맞지 않는 크림 과자는 스카이림에서 매우 인기가 좋아서 대부분의 상점에서 소금과 동일한 가격으로 판매됩니다. 달콤하고 솜털같이 푹신푹신한 빵과 녹진한 커스터드는 매우 맛있는 간식인데, 둘이 먹다가 한명이 소븐가르드에 가도 모르겠다는 생각이 들 만큼 맛있습니다.

난이도

준비 시간: 15 분   발효 시간: 1 시간 30 분   굽는 시간: 15 분
분량: 10 개   곁들이면 좋은 것: 달콤한 에그노그 (179쪽), 에프터눈 티

무염 버터 ¼ 컵, 녹여서 준비

우유 1¼ 컵, 따뜻하게 해서 준비

설탕 ½ 컵

드라이 이스트 2 작은술

소금 ¼ 작은술

카더멈가루 1 작은술

중력분 4 컵

계란 1 개, 우유를 약간 넣고 풀어서, 글레이징용

커스터드 소스(29쪽) 1 회분

---

1. 오븐을 175°C로 예열하고, 녹인 버터, 우유, 설탕, 이스트를 중간 크기의 볼에 넣고 이스트가 녹을 때까지 젓는다. 소금과 카더멈을 넣고, 밀가루를 서서히 넣어가며 너무 끈적거리지 않는 반죽을 만든다. 작업대에 밀가루를 뿌리고, 반죽을 찌르면 튕겨 나올 때까지 몇 분 동안 두 손을 사용하여 접어서 누르고 늘리면서 반죽한다. 비닐로 덮고 1시간 정도 또는 반죽이 부풀도록 따뜻한 곳에 둔다.

2. 반죽이 잘 부풀면 주먹으로 내리쳐 꺼트린 다음 균등하게 10등분 한다. 등분한 반죽을 약간 납작한 공 모양으로 만들고 유산지를 깐 베이킹 시트 위에 올린다. 다시 비닐로 덮고 몽실몽실하게 부풀어 오를 때까지 30분 이상 놔둔다.

3. 발효가 완료되었으면 엄지손가락이나 작은 유리잔을 이용하여 반죽 가운데에 홈을 만든다. 우유를 섞은 계란물을 빵 전체에 발라주고, 커스터드를 채운다. 빵이 노릇하게 구워질 때까지 12~15분 정도 굽는다.

뿌리채소 케이크

때때로 보잘것없는 야채가 기대 이상의 맛을 낼 때가 있는데, 이 맛있는 케이크가 바로 그걸 말하는 경우일 겁니다. 대부분 탐리엘의 뿌리채소 요리는 실력 있는 연금술사에게 맡기는 게 가장 좋은데, 만드레이크나 코르크벌브, 트라마 뿌리 같은 건 쓰지 않고 의외로 친숙한 당근이나 파스닙을 쓴다고 합니다.

난이도

준비 시간: 15 분   굽는 시간: 30 분   분량: 8명 정도가 먹을 수 있는 케이크 1개
곁들이면 좋은 것: 따뜻한 사과주 (169쪽)

케이크: 무염버터 ½ 컵, 팬에 바르기 위해 좀 더 준비
비정제설탕 ½ 컵
당밀 ½ 컵
계란 2 개
바닐라 엑스트렉 1 작은술
노드 양념(23쪽) 1 작은술
다진생강 1 작은술
당근 혹은 파스닙 2 컵, 잘게 다져서 준비
말린 블랙커랜트 ½ 컵
베이킹소다 1 작은술
소금 ½ 작은술
중력분 2 컵

장식: 크림치즈 1 컵
무염버터 ¼ 컵, 부드럽게 해서 준비
슈가파우더 ¾ 컵
벌꿀 2 큰술
바닐라 엑스트렉 1 방울
소금 한꼬집

선택사항: 아몬드 슬라이스, 장식용

케이크 만들기:

1. 오븐을 175℃로 예열하고 지름이 약 20cm인 케이크 틀의 바닥과 옆면에 가볍게 버터를 바른다. 밀가루를 가볍게 흩뿌려 틀에 살짝 묻혀주고 털어낸다.

2. 중간 크기의 그릇에 버터와 설탕을 넣고 저어가며 크리밍한다. 당밀, 계란, 바닐라, 노드 양념을 넣고 함께 섞는다. 잘 섞이면 당근과 말린 블랙커런트를 넣고 젓는다. 베이킹소다, 소금, 밀가루를 넣고 반죽한다. 준비된 팬에 반죽을 붓고 윗부분을 평평하게 만든다. 이쑤시개로 찔러봤을 때 묻어나오는 반죽이 없을 때까지 30분 정도 굽는다. 굽기가 완료되면 틀에 그대로 두고 15분 정도 식혀준 후, 틀에서 꺼내 식힘망으로 옮겨 완전히 식힌다.

장식 만들기:

3. 케이크가 구워지면, 중간 크기의 그릇에 크림치즈와 버터를 넣고 균일하게 섞는다. 슈가파우더를 조금씩 넣으면서, 꿀과 바닐라 익스트랙, 소금을 순서대로 넣어주며 섞는다. 케이크가 완전히 식으면, 아이싱을 케이크 윗부분에 바른다. 원한다면 아몬드 슬라이스로 꾸며주고, 노드 양념 한 꼬집을 뿌려 마무리한다.

스위트롤

다시는 누구도 당신의 스위트롤을 훔쳐 가도록 내버려 두지 마세요.
이제 산적이나 얄미운 도둑 길드로부터 힘들게 만든 스위트롤을
지키기보다는 당신의 안전한 집에서 아무도 모르게 스위트롤을
만들 수 있으니까요!

난이도

준비 시간: 10 분 발효 시간: 30 분 굽는 시간: 15 분
분량: 꽤 커다란 롤 4 개 곁들이면 좋은 것: 모닝 커피나 차, 아침식사용 소시지

롤:

무염 버터 3 큰술, 녹여서 준비

우유 1 컵

벌꿀 2 큰술

소금 한 꼬집

계란 1 개

드라이 이스트 2 작은술

중력분 2 컵

장식:

크림 치즈 2 큰술, 부드럽게 해서 준비

무염 버터 1큰술, 부드럽게 해서 준비

슈가파우더 ½ 컵

생크림 2 큰술

롤 만들기:

1. 오븐을 175°C로 예열한다. 큰 믹싱볼에 버터, 따뜻한 우유, 꿀을 넣고 꿀이 녹을 때까지 섞는다. 소금, 계란, 밀가루를 순서대로 넣고 매끄러운 반죽이 될 때까지 섞는다. 약 지름 12cm의 작은 번트팬 4개에 숟가락으로 반죽을 떠넣는다. 반죽이 부풀도록 30분정도 놓아두고, 이쑤시개로 찔렀을 때 묻어나오는 반죽이 없도록 15분 정도 굽는다.

장식 만들기:

2. 스위트 롤이 구워지는 동안, 크림치즈와 버터, 수가파우더를 작은 그릇에 담고 크리밍한다. 생크림을 충분히 넣고 숟가락에서 흘러내리지 않을 정도의 묵직한 농도의 아이싱을 만든다.

3. 스위트 롤이 다 구워지면 팬에서 그대로 5분 정도 식힌다. 완전히 식으면, 롤의 윗부분에 숟가락으로 아이싱을 뿌려 주고 주변으로 약간 흘러내리도록 한다.

Summerset Isle

- Firsthold
- Cloudrest
- Lillandril
- Shimmerene
- Alinor
- Sunhhold
- Dusk

음료

속성 벌꿀술	161
호닝브루 벌꿀술	162
블랙브라이어 벌꿀술	163
노간주 열매로 담근 벌꿀술	164
노드식 벌꿀술	165
임페리얼 멀드 와인	167
따뜻한 사과주	169
샌의 와인	171
스쿠마	173
인동딸기 코디얼	175
따뜻한 벌꿀 우유	177
달콤한 에그노그	179
카니스뿌리차	181
빨간 산유화차	183
생명의 물	185

속성 벌꿀술

많은 사람이 노드가 태어나서 가장 먼저 접하는 것이 모유가 아닌 벌꿀술 한 모금이라고 말하곤 합니다. 오죽하면 노드의 몸 속에는 피 대신 벌꿀술이 흐른다는 말까지 있습니다. 모든 사람은 각기 다른 입맛을 갖고 있기 마련이니, 한번 제일 좋아하는 벌꿀술을 골라보세요. 든든한 벌꿀술 한병이면 어련히 따뜻해지고 기분도 좋아질 겁니다!

난이도

준비 시간: 10 분   제조 시간: 15 분   발효 시간: 적어도 3달
분량: 약 2 리터   곁들이면 좋은 것: 모닥불가에서 노래하기, 모험심, 뿔잔

기본 레시피:

벌꿀 2 컵

생수 6~8 컵

에일 이스트 1팩, 약 7g

선택 사항: 기호에 따른 추가 재료들, 162쪽에서 165쪽 참조

1. 꿀을 깨끗한 2리터들이 유리병(카보이)에 넣고, 물 4컵을 끓여서 꿀과 같이 섞는다. 취향껏 부가 재료를 넣고 나서 찬물 2~4컵을 부어 주고, 위쪽에 공간을 몇 센티 정도 남겨둔다. 이 혼합물을 실온과 같게 식히고 나면 이스트를 넣는다. 병 입구를 발효 에어락을 이용해 단단히 막고, 따뜻한 곳에서 발효를 시작한다.

2. 다음 날 정도면 작은 기포가 표면에 올라오는 게 보일 것이다. 일주일 정도 발효시킨 뒤 맛을 한번 본다. 2주가 지나면 맥주 정도로 알코올 농도(ABV)가 꽤 낮아질 텐데, 이때쯤 부가 재료를 걸러내고 벌꿀술을 즐겨도 된다.

3. 이 벌꿀술은 빨리 만들어 마실 수 있게끔 고안되어서 아직 불투명하고 약간의 탄산이 있을 수 있다. 좀 더 숙성된 벌꿀술을 원한다면, 침전물이 가라앉고, 색이 투명해질 때까지 몇 달 정도 더 발효시키기 위해 병에 남겨두어도 된다. 알코올 농도는 10% 전후가 되어 있을 것이다.

팁

호닝브루 벌꿀술은 오래 숙성시켜도 맛있지만, 블랙 브라이어 벌꿀술은 숙성이 덜 되어 과일 맛이 강할 때 먹을수록 좋습니다. 이것만 봐도 호닝브루 벌꿀술이 최고의 벌꿀술을 만들기 위해 개발된 반면 블랙 브라이어 벌꿀술은 이익만을 위해 만들어졌다는 걸 알 수 있습니다. 결국 벌꿀술은 오랜 세월을 함께한 부부 같다는 걸 기억해야합니다 오래될수록 은은해질 뿐 단맛이 덜 남습니다. 현지에서 조달한 꿀을 벌꿀술을 만드는데 사용하는 건 가장 좋은 선택이며, 야생화로 만든 꿀로는 실패하기가 더 어렵습니다. 하지만 여러분이 다양한 재료들을 활용하길 원한다면, 여러 다른 꽃에서 나온 꿀들을 먹어보고 어떤 꿀이 벌꿀술과 잘 어울리는지 알아보세요. 예를 들어, 오렌지꽃꿀은 섬세한 감귤 맛을 제공할 것입니다.

호닝브루 벌꿀술

소븐가르드를 제외하고는 스카이림 최고의 벌꿀술을 만드는 호닝브루 양조장의 명성은 변함이 없습니다. 양조장의 주인 새뵤른이 직접 양봉한 벌꿀과 주변 초원에서 채집한 재료로 만든 완벽한 벌꿀술은 대륙의 모든 지역의 주정뱅이들의 입맛을 만족시키기에 충분하답니다.

추가 재료:

식용 라벤더 1 큰술

홍사과 ½ 개

생강 2.5cm, 껍질을 제거하고 얇게 썬다.

블랙 브라이어 벌꿀술

이 주조법은 매우 엄격하게 숨겨져 왔지만, 모든 일에는 대가가 있기 마련입니다. 골든 글로우 농장에서 생산한 꿀을 다른 재료와 함께 섞으면 과일 향 벌꿀술을 만들 수 있는데, 마치 블랙브라이어 가문 일가처럼 조금 어둡고 우울합니다.

추가 재료:

블랙베리 170g, 으깬다
말린 로즈힙 1~2 큰술
정향가루 ½ 작은술
시나몬 스틱 1 개
소금 조금 (⅙ 작은술)

노간주나무 열매로 담근 벌꿀술

비록 빌로드는 죽었지만, 그의 벌꿀술은 헬겐과 그곳을 넘어 많은 지역에 남아있습니다. 토종 노간주나무 열매와 빨간 산유화를 이용해서 스카이림 정신의 상징인 이 술을 만들었습니다.

팁

말린 서양톱풀과 히비스커스 꽃은 건강식품 매장이나 전통시장의 약재 상점에서 찾을 수 있습니다.

추가 재료:
주니퍼베리 2 큰술, 으깬다
말린 서양톱풀 2 작은술
말린 히비스커스 꽃 1 큰술

노드식 벌꿀술

양조장에서 만드는 상업용술이 아닌 집에서 만드는 다른 벌꿀술과 마찬가지로 노드식 벌꿀술의 주조법은 여러 집단과 마을을 옮겨 다니면서 다양해졌습니다. 하지만 노드들은 몸을 따뜻하게 해주고, 많은 향신료를 사용했으며 기력을 회복해주는 것과 같은 특징이 있는 벌꿀술만이 진정한 노드식 벌꿀술이라고 여깁니다.

추가 재료:

카다멈 가루 ½ 작은술

신선한 생강, 2.5cm, 껍질을 벗기고 얇게 썬다

오렌지 제스트, 오렌지 1개 분량, 흰 속껍질이 들어가지 않도록 간다

통정향 1 작은술

시나몬 스틱 1개

임페리얼 멀드 와인

대부분의 임페리얼은 아무 준비 없이 스카이림의 추위를 견디는 건 어렵다는 것을 알고 있습니다. 그래서 어느 진취적인 수비대의 요리사가 북쪽의 추위를 막기 위해 몸을 뜨겁게 해주는 음료를 급히 개발했는데, 그 효과를 인정받아 스카이림은 물론 다른 지역에서도 빠르게 인기를 얻었습니다. 몇 가지 임페리얼 향신료의 재료는 수입해 와야 하지만, 몸을 따뜻하게 해주는 이 음료는 그만한 가치가 있습니다.

난이도

준비 시간: 10 분   분량: 2 인분
곁들이면 좋은 것: 에이더치즈 사과 조림 (63쪽), 톡 쏘는 치즈와 육포

화이트와인 2½ 컵

임페리얼 양념 (27쪽) 1 작은술

시나몬 스틱 1 개

월계수잎 1 개

설탕 1 큰술, 취향껏 조금 더 준비

1. 모든 재료를 작은 냄비에 넣고 중불에 올린다. 재료들의 향이 와인에 우러나도록 약 10분간 은근히 끓인다(시머링). 깨끗한 내열 유리병에 거른다.

팁

이 레시피는 몸을 따뜻하게 유지해야 하는 군인의 수가 몇 명이냐에 따라 양을 쉽게 조절할 수 있습니다. 향신료를 차 여과기에 넣어 두면 음료를 깨끗하게 유지할 수 있습니다.

따뜻한 사과주

스카이림의 빨갛고 파란 사과는 생과일 그대로 먹기도 하지만 요리해서 먹거나 주스로도 만들어 먹습니다. 이 음료는 아이들이나 전날 밤 과식을 한 사람들에게 인기가 있습니다.

난이도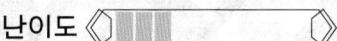

준비: 15 분 분량: 2 인분
곁들이면 좋은 것: 뿌리채소 케이크 (155쪽)

애플사이다 3 컵

코리앤더씨드(고수씨)
1 큰술, 으깬다.

주니퍼베리 2 큰술, 으깬다.

시나몬 스틱 2 개 혹은 3 개

비정제설탕, 꿀, 메이플 시럽,
인원수 만큼 준비

1. 사이다, 코리엔더씨드, 주니퍼베리, 시나몬 스틱을 작은 소스팬에 넣고 중약불에 올린다. 재료들의 맛과 향이 충분히 우러나도록 10~15분 동안 은근히 끓인다(시머링). 깨끗한 머그잔에 거르고 기호에 따라 설탕이나 꿀, 메이플시럽을 첨가하여 마신다.

팁

좀 더 진한 맛을 원한다면 불을 끄고 냄비를 뚜껑을 닫은 채로 밤새도록 놓아두고 다시 데워서 차려낸다.

샌의 와인

샌의 와인의 정확한 제조법은 완벽하게 비밀에 부쳐졌지만, 어느 악덕 모험가가 그 주조법을 동제국 회사의 일지에서 찾아냈습니다. 캄캄한 밤에 불타는 솔리튜드의 올라프 왕을 구경하러 나갈 일이 생겼을 때 이 술을 마신다면 용기가 좀 생길 겁니다.

난이도

준비: 15 분 침출 시간: 12 시간
분량: 약 6 인분 곁들이면 좋은 것: 축제 핸드파이 (119쪽)

- 레드와인 한 병 (750ml) 까베르네와 같이 비싸지 않은 것
- 시나몬 스틱 2 개
- 카다멈가루 ¼ 작은술
- 주니퍼베리 1 작은술, 으깬다
- 신선한 생강 2.5cm, 껍질을 벗기고 얇게 썬다
- 후춧가루 한 꼬집
- 비정제설탕 2 큰술
- 브랜디 2 샷(59ml)
- 포트와인 1 샷(29ml)

1. 브랜디와 포트와인을 제외한 모든 재료를 큰 냄비에 넣고 중불에서 끓인다. 설탕이 녹고 향기로운 냄새가 올라올 때까지 약 15분 동안 중불을 유지한다. 불을 끄고 뚜껑을 덮어 상온에 적어도 12시간 동안 둔다.

2. 브랜디와 포트와인을 넣은 다음 깨끗한 병에 거른다. 따뜻하게 데워서 혹은 실온에 두었다 즐긴다.

스쿠마

스쿠마는 매우 인기가 있지만, 아직까진 불법이라 탐리엘의 대범한
여관 주인들은 그들만의 방식으로 카짓들이 좋아하는 중독성 있는 음료와
비슷한 과일술을 만들어 냈습니다.

난이도

준비 시간: 10 분   침출 시간: 적어도 2~3 주   분량: 작은병 1 개
곁들이면 좋은 것: 뿌리채소 케이크 (155쪽), 신선한 요거트, 아이스크림

설탕 1 컵

끓는 물 ¾ 컵

보드카 2 컵

말린 살구 10 개, 씨를 제거하고,
깍둑썬다

카다멈 가루 한 꼬집

바닐라 엑스트렉 한 방울
(⅙ 작은술)

1. 설탕과 끓는 물을 작은 내열 용기에 넣고 설탕이 녹을 때까지 젓는다.
설탕물을 나머지 재료들과 함께 깨끗한 병에 넣는다. 병뚜껑을 닫고
직사광선이 들지 않는 어두운 곳에 보관한다.
잘 우러나도록 가끔 흔들어 준다.

2. 최고의 맛을 위해 2~3주 또는 최대 1개월 동안 담가 둔다.
충분히 침출되면 살구를 걸러내고 유리병에 담아 보관한다.
작은 코디얼 잔에 따라 즐긴다.

인동딸기 코디얼

인동딸기 코디얼은 노드들의 주된 환대용 음료입니다. 보통 작은 잔에 담아서 손님과 가족들에게 환영 음료로 주기도 하고 병에 담아 선물하기도 합니다.

난이도

준비 시간: 15 분 침출 시간: 24 시간
분량: 7 인분 곁들이면 좋은 것: 고급 과일케이크, 불에 구운 무엇이든

레드와인 한 병(750ml), 까베르네와 같이 비싸지않은 것
물 1 컵
설탕 2 컵
신선한 크랜베리 340g
말린 로즈힙 ¼ 컵
시나몬 스틱 1 개
브랜디 1½ 컵

1. 큰 냄비에 와인, 물, 설탕, 크랜베리, 로즈힙, 시나몬 스틱을 넣고 섞는다. 중불에 올린다. 끓어오르기 시작하면 불을 끄고 포테이토 매셔로 크랜베리를 살살 으깬다. 냄비를 덮고 약 24시간 동안 실온에 둔다.

2. 크랜베리와 시나몬 스틱을 거르고 브랜디를 넣는다. 밀폐된 병에 담으면 최대 몇 달 동안 보관할 수 있다. 작은 잔에 담아 즐긴다.

팁

따뜻한 봄이나 여름날 레모네이드에 이 코디얼을 몇 방울 넣어 먹으면 맛있습니다.

따뜻한 벌꿀 우유

아침이나 잠자기 바로 전에 마시기 좋은 음료입니다. 대부분의 카짓은 꿀 대신에 문슈거를 이용한 요리법을 쓰는데 심지어 스쿠마 몇 방울을 넣기도 합니다. 이런 레시피는 카짓이 아닌 다른 종족에게는 권하지 않지만, 카짓에게는 잠자기 전에 마시는 술 한 잔만큼이나 놀라운 효과가 있습니다. 얼른 마셔, 네가 젖먹이란 사실을 들키기 전에!

난이도

준비 시간: 5 분   분량: 넉넉한 1 인분   곁들이면 좋은 것: 꽈배기빵 (71쪽)

우유 2 컵
바닐라 익스트랙 한방울 (⅙ 작은술)
노드 양념(23쪽) ½ 작은술, 고명으로 조금 더 준비
꿀 1~2 큰술
선택사항: 휘핑 크림, 토핑용

1. 우유, 바닐라 익스트랙, 노드 양념을 작은 냄비에 넣고 중불에 올린다. 우유는 김이 날 때까지 데우되 끓으면 안 된다. 기호에 맞게 꿀을 넣고 잘 섞이도록 젓는다. 머그잔에 붓고 휘핑크림과 노드 양념을 얹어 즐긴다.

달콤한 에그노그

단백질이 가득한 이 진한 술은 추운 겨울날 일과를 마치고 돌아와 얼어 있는 몸을 따뜻하게 녹여 줍니다. 특히 닭장에서 매일 신선한 달걀을 얻을 수 있는 농가에서 주로 만들어 먹습니다. 용감한 모험가들은 달걀 대신 구하기 어려운 소나무 개똥지빠귀알을 이용할 겁니다.

난이도

준비 시간: 15 분   분량: 6~8 인분
곁들이면 좋은 것: 자작나무 쿠키 (137쪽)

계란 노른자 6 개
바닐라 엑스트렉 1 작은술
비정제설탕 ¼ 컵
노드 양념(23쪽) ½ 작은술
연유 414ml (14 온스)
브랜디 ½ 컵
우유 1 컵

1. 모든 재료를 중간 크기의 믹싱볼에 담고 섞는다. 믹싱볼을 은근히 끓는 물이 담긴 냄비 위에 올리고 5~10분간 혼합물이 걸쭉해질 때까지 중탕한다. 이때 볼의 바닥이 물과 닿으면 안된다. 에그노그는 식으면 더 걸쭉해지므로 너무 걸쭉하다 싶으면 원하는 농도가 될 때까지 우유를 조금 추가한다.

2. 완성된 에그노그를 유리병에 담고 식혀서 냉장고에 넣는다. 이렇게 만든 에그노그는 일주일 정도 두고 먹을 수 있다. 따뜻하게 데우거나 상온으로 작은 잔에 담아 마신다.

카니스뿌리차

이 차는 탐리엘 전역의 괴짜 마법사들이 좋아하는 차입니다. 울퉁불퉁한 카니스 뿌리로 만든 이 음료는 몸과 마음을 깨우는 농후한 맛을 가지고 있습니다. 이 차를 만들어 줄 실력 좋은 종업원이 없다면 이 레시피를 이용해서 훌륭한 차 한 잔을 직접 만들어 먹을 수 있습니다.

난이도

준비 시간: 5 분　조리 시간: 15 분　분량: 1 잔
곁들이면 좋은 것: 진저브레드, 뿌리채소 케이크 (155쪽)

말린 민들레 뿌리 1 큰술
말린 우엉 1 큰술
물 2½ 컵
시나몬 스틱 1 개
생크림과 비정제설탕, 인원수에 맞게 준비

1. 작은 소스팬에 우엉과 민들레 뿌리를 넣고 색이 어두워지고 좋은 향기가 올라올 때까지 약 5분 동안 중불에 볶는다. 시나몬 스틱과 물을 넣고 약 15분 동안 끓인 다음 내열 머그잔에 담아낸다. 기호에 따라 생크림과 설탕을 첨가하여 마신다.

빨간 산유화차

스카이림 전역의 도로변을 따라 자생하는 이 꽃은 메지카가 깃들어 있어서 연금술사들이 애용합니다. 하지만 평범한 주민들은 기분 전환용 차를 만들기 위해서 마을을 오가는 길에 이 꽃을 채집하기도 합니다. 진정한 노드는 꽃에서 우러나온 차의 산미를 즐기기 위해 달지 않게 마시는 것으로 알려져 있습니다.

난이도

준비 시간: 5 분 침출 시간: 적어도 4 시간 분량: 1 인분
곁들이면 좋은 것: 기다란 설탕과자 (141쪽), 사과코블러 (149쪽)

말린 히비스커스 꽃 ¼ 컵

노드 양념(23쪽) 한 꼬집

생강 조금, 껍질을 벗기고 얇게 썬다

끓는 물 2 컵

꿀이나 설탕, 인원수만큼 준비

1. 히비스커스, 노드 양념, 생강을 끓는 물과 함께 내열 용기에 넣는다. 적어도 4시간 이상 우러날 수 있게 둔다. 기호에 따라 설탕이나 꿀을 첨가하여 마신다.

생명의 물

많은 노드가 만병통치약이라고 여기고 있는 이 독한 약주는 아픈 사람을
깔끔하게 낫게 한다고 알려져 있습니다.
집집마다 저마다의 제조법을 가지고 있지만, 이 레시피는 팔크리스의
한 농부로부터 간신히 알아낸 것입니다.

난이도

준비 시간: 5 분 **침출 시간:** 3 일
분량: 1 회분, 약 4 컵 **곁들이면 좋은 것:** 이것만 마시는게 제일 좋다, 과식 후에 마신다

펜넬씨드 2 작은술
캐러웨이씨드 2 작은술
주니퍼베리 1 큰술
신선한 딜 1 줄기
보드카 4 컵

1. 작은 소테팬을 중불에 올리고 펜넬씨드와 캐러웨이씨드가 살짝 노릇해지면서 좋은 향이 날 때까지 몇 분 동안 볶는다. 볶은 향신료와 다른 재료를 모두 큰 용기에 넣고 밀봉한다.

2. 색이 연한 황금색으로 변하고 원하는 만큼 향이 우러날 때까지 2~3일 동안 담가 둔다. 작은 잔에 담아 소화제로 홀짝거리거나 더 확실한 약효를 보기 위해선 한 번에 들이켤 수 있다.

요리별 식이 제한 정보표

V = 채식주의(락토-오보)　V+ = 채식주의(비건)　GF = 글루텐 프리
V*, V+*, & GF* = 간단하게 채식주의 또는 글루텐 프리 레시피로 변형 가능

기초

요리	V	V+	GF
커스터드 소스	V		GF
임페리얼 버섯 소스	V*		GF*
시골풍 머스터드	V	V+*	GF
호밀 파이 반죽	V		GF*
인동딸기 소스	V	V+	GF
향미 버터	V		GF
향신료, 양념 & 소스	V	V+	GF
달콤한 크로스타타 반죽	V		GF

전채요리, 안주 & 간식

요리	V	V+	GF
아르고니안 늪지새우찜			GF
문슈거 당근 맛탕	V	V+*	GF
구운 화산참마	V		GF
보스머 요깃거리			GF
두 번 구운 감자	V		GF
구운 파	V	V+*	GF
매콤한 진흙게 딥소스			GF
치즈 대파 크로스타타	V		GF*
버섯 야채 리소토	V	V+*	GF
레드가드 솥밥			
솔트라이스 죽	V	V+*	GF
에이다치즈 사과 조림	V		GF
선라이트 수플레	V		GF*

제빵

요리	V	V+	GF
꽈배기빵	V		
양배추 비스켓	V	V+*	GF*
치즈 스콘	V		
마늘빵	V		
라벤더 벌꿀 식빵	V		
목초지 호밀빵	V		
견과류 씨앗빵	V		GF
호밀칩	V	V+	
스지라의 유명한 감자빵	V		

수프 & 스튜

요리	V	V+	GF
사과 양배추 스튜			GF
파로를 넣은 갈비찜			GF*
연안식 클램차우더			GF*
완두콩 수프	V*	V+*	GF
환상의 포타주	V*	V+*	GF*
체더치즈 감자 수프	V*		GF*
야채 수프	V	V+*	GF*

메인 요리

요리	V	V+	GF
화이트강 연어 구이			
닭고기 경단			
컴패니언 미트볼 구이			GF
엘스웨어 퐁듀	V		GF
축제 핸드파이			
염소치기 파이			GF*
호커 구이			GF*
노간주 램 찹			GF
크와마알 키슈	V		GF*
오시머식 사슴 요리			GF
노르딕 따개비 구이	V		GF

디저트

요리	V	V+	GF
사과 코블러	V		GF*
자작나무 쿠키	V		
크림 과자	V		
벌꿀 호두과자	V	V+	GF
벌꿀 푸딩	V		GF
벌집모양 설탕과자	V		
기다란 설탕과자	V		GF
건포도 귀리 쇼트브레드	V		
쉐오고라스의 딸기타르트	V		GF*
인동딸기 크로스타타	V		GF*
뿌리채소 케이크	V		GF*
스위트롤	V		

음료

요리	V	V+	GF
카니스뿌리차	V	V+	GF
따뜻한 사과주	V	V+	GF
임페리얼 멀드 와인	V	V+	GF
속성 벌꿀주	V		GF
빨간 산유화차	V	V+	GF
샌의 와인	V	V+	GF
스쿠마	V	V+	GF
인동딸기 코디얼	V	V+	GF
따뜻한 벌꿀 우유	V	V+*	GF
달콤한 에그노그	V		GF
생명의 물	V	V+	GF

계량 단위 환산표

용량

미국 단위계	미터법
1/5 작은술 (tsp)	1 ml
1 작은술 (tsp)	5 ml
1 큰술 (tbsp)	15 ml
1 액량 온스 (fl. oz.)	30 ml
1/5 컵	50 ml
1/4 컵	60 ml
1/3 컵	80 ml
3.4 액량 온스 (fl. oz.)	100 ml
1/2 컵	120 ml
2/3 컵	160 ml
3/4 컵	180 ml
1 컵	240 ml
1 파인트 (2 컵)	480 ml
1 쿼트 (4 컵)	.95 liter

무게

미국 단위계	미터법
0.5 온스 (oz.)	14 그램 (g)
1 온스 (oz.)	28 그램 (g)
1/4 파운드 (lb)	113 그램 (g)
1/3 파운드 (lb)	151 그램 (g)
1/2 파운드 (lb)	227 그램 (g)
1 파운드 (lb)	454 그램 (g)

온도

화씨	섭씨
200°	93.3°
212°	100°
250°	120°
275°	135°
300°	150°
325°	165°
350°	177°
400°	205°
425°	220°
450°	233°
475°	245°
500°	260°